Circus Busch

W0248030

Gisela Winkler

Circus Busch

Geschichte einer Manege in Berlin

be.bra verlag
berlin.brandenburg

Für die Unterstützung bei meiner Arbeit möchte ich in erster Linie Herrn Martin Schaaff danken, der mir mit Geduld und Bereitwilligkeit mit Informationen und Material aus dem Busch-Archiv zur Seite stand, ferner seiner Frau Doris Schaaff für die Gastfreundschaft, die ich so häufig in Anspuch nahm.

Weiterhin möchte ich meinen Dank für Unterstützung aussprechen an Herrn Hans W. Bäumer, Frankfurt/Main; Paul Busch, Berlin; Ernst Günther, Zirkusarchiv Dresden; Werner Hassepaß, Märkisches Museum (jetzt Stadtmuseum Berlin); Berthold Lang, Österreichisches Circus- und Clownmuseum Wien; Michael Naether, Berlin; Heinz Neumärker, Zirkusarchiv Leverkusen; Hermann Sagemüller, Circus- und Jongleurarchiv Nördlingen; Hans-Jürgen Thiede, Archiv Internationaler Raubtierdressur Barsinghausen; Dietmar Winkler, Zirkusarchiv Berlin; das Brandenburgische Landeshauptarchiv, Potsdam; Bundesarchiv, Koblenz; Bundesarchiv, Abteilungen Potsdam; Bundesarchiv, Außenstelle Zehlendorf; Geheime Staatsarchiv Preußischer Kulturbesitz, Berlin; Landesarchiv Berlin; Österreichisches Staatsarchiv, Haus-, Hof und Staatsarchiv Wien; Staatsarchiv Hamburg; Theaterhistorische Sammlung Walter Unruh, Berlin.

Dank auch an das Förderprogramm Frauenforschung beim Senat für Arbeit und Frauen Berlin, in dessen Rahmen eine Forschungsarbeit über den Circus Busch entstand.

Die Deutsche Bibliothek - CIP-Einheitsaufnahme

Winkler, Gisela:

Circus Busch : Geschichte einer Manege in Berlin /

Gisela Winkler. - Berlin : be.bra-Verl., 1998

ISBN: 3-930863-36-7

© be.bra verlag GmbH, Berlin-Brandenburg, 1998

Zehdenicker Straße 1, 10119 Berlin

Lektorat: Gabriele Dietz, Berlin

Gesamtgestaltung: Uwe Friedrich, Berlin

Bildbearbeitung: Marita Friedrich, Berlin

Schrift: Weiss 11/14

Druck und Bindung: Messedruck, Leipzig

ISBN: 3-930863-36-7

Inhalt

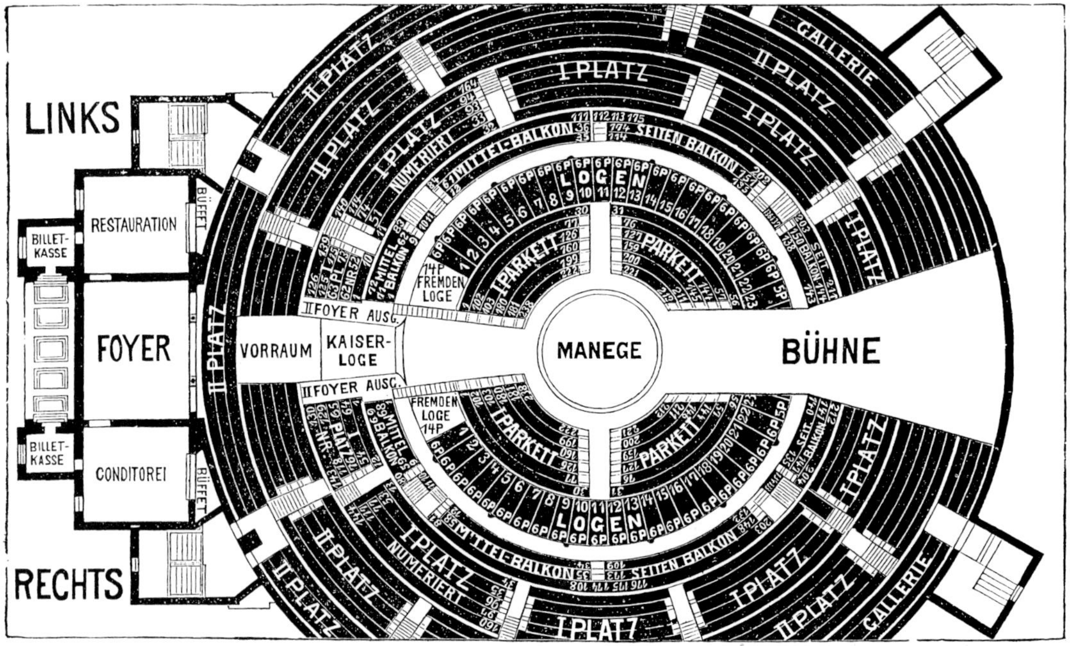

Zirkus Busch in Berlin C, Bahnhof Börse.

Preise der Plätze:	Loge . . M. 5,70 einschl. Steuer	Seitenbalkon M. 2,50 einschl. Steuer	2. Rang, Mitte, numm., M. 1,50 einschl. St.
	Parkett . . „ 3,75 „ „	1. Rang Mitte „ 2,50 „ „	2. Rang, nicht numm., M. 1,10 „ „
Fremden-Loge M. 6,90 einschl. Steuer	Mittelbalkon „ 2,75 „ „	1. Rang, nicht numm. M 1,50 einschl. St.	Galerie . . . . M. 0,50

Kasse geöffnet: Von 10 Uhr an ununterbrochen

»Hier ... balgen sich die schweißduftenden Bewohner des Nordens um die Galerieeingänge, ein graubrauner Schwarm, Arbeiter und beurlaubte Bierkutscher und Hausdiener, Briefträger, die ihren Ausgehtag haben, Kanzlisten und kleine Handwerker, auch Heringsverkäufer mit ihrem Verhältnis, Friseure mit Gattin, hie und da ein Student, ein Soldat, die Polizisten brüllen, die Droschken rasseln, die Pferdebahnen klingeln ...«.

Alfred Kerr: Wo liegt Berlin? Briefe aus der Reichshauptstadt, Oktober 1895

Ein Zirkus wird geboren

1884 - 1914

Von den Gründerjahren zum Ersten Weltkrieg

Als im September 1889 die Berliner Zeitungen das Gastspiel eines Zirkus Busch im Zirkusbau Krembser ankündigten, war das eine Nachricht unter vielen und beileibe keine Sensation. Direktor Paul Busch war zwar gebürtiger Berliner und das Unternehmen hatte sich in den fünf Jahren seit seiner Gründung durchaus einen guten Ruf erworben – aber in Berlin herrschte unangefochten der Zirkus Renz. Wohl niemand konnte ahnen, daß dieser Zirkus Busch in einigen Jahren Weltgeltung erlangen und den Zirkus Renz de facto ablösen würde.

Direktor Ernst Jacob Renz hatte gerade den Markthallenzirkus am Schiffbauerdamm umbauen lassen und eröffnete ihn mit einer Gala-Vorstellung am 5. Oktober. Der vornehme Zirkus Renz bot 5600 Zuschauern Platz – der Zirkus Krembser, 1886 von Zirkusdirektor Krembser am Friedrich-Karl-Ufer 2-3 (heute Kapelle-Ufer) erbaut, hatte dagegen nur 3700 Sitzplätze. Er war aber als erster Zirkusbau eine Eisenkonstruktion und wurde folgerichtig von den Berlinern »Wellblechzirkus« genannt.

Der »eiserne Zirkus« hatte in Berlin schon einige Vorgänger gehabt. Zirkus war im 19. Jahrhundert ein Volksvergnügen ersten Ranges, zu seinem Publikum zählten vom Adel und Militär bis zum Proletariat, das im rasant wachsenden Berlin bald einen hohen Anteil der Bevölkerung stellte, alle gesellschaftlichen Schichten. Der Boom der Gründerjahre hatte in der jungen Reichshauptstadt zu einer Fülle von Unterhaltungsstätten geführt: Seit das neue Gewerbegesetz von 1869 allen Bühnen und Lokalitäten eine Schauspielkonzession ermöglichte, waren die Tingeltangel und Spezialitätentheater, die späteren Varietés, wie Pilze aus dem Boden geschossen, vor allem im Vergnügungsviertel zwischen Chaussee-, Friedrich- und Oranienburger Straße. Ende der neunziger Jahre zählte man in Berlin rund 100 Unterhaltungsbühnen unterschiedlichsten Niveaus, darunter immerhin 30 größere.[1] Zirkus war auch in den Gründerjahren eine besondere Attraktion, seine Premieren durchaus gesellschaftliche Ereignisse. Er war eine Institution, die ihren festen Platz im Kulturleben einnahm, und seine besten Vertreter genossen gesellschaftliches Ansehen, nicht zuletzt aufgrund finanzieller Erfolge. Die reisenden Zirkusgesellschaften gastierten zu dieser Zeit

Der Zirkus vor dem Brandenburger Tor um 1832

in mehr oder weniger komfortablen Zirkusbauten oder Reitbahnen bzw. ließen ihre eigenen Zirkusse bauen – das transportable Zirkuszelt, wie wir es heute kennen, setzte sich erst im 20. Jahrhundert endgültig durch. In Berlin war das erste Zirkusgebäude 1821 von dem Zimmermeister G.F. Richter vor dem Brandenburger Tor errichtet worden. Nach London, Paris und Wien verfügte Berlin damit als vierte europäische Stadt über ein festes Gebäude für Zirkus und ähnliche Veranstaltungen. Als es 1848 durch einen Brand vernichtet wurde, existierte als Spielstätte nur die »Königstädtische Reitbahn« in der Sophienstraße. Aber bereits in den folgenden Jahren wurden mit dem Großkopfschen Zirkus in der Charlottenstraße (1849), dem Ottoschen Zirkus in der Friedrichstraße (1850) und dem Zirkustheater am Weinbergsweg (1852) weitere Bauten eröffnet, die von verschiedenen Zirkusgesellschaften bespielt wurden.

Im Großkopfschen Zirkus, dem späteren Walhalla-Theater, gastierte 1850 Ernst Renz, während im Ottoschen Zirkus der berühmte »Cirque National de Paris« von Louis Dejean spielte – den Konkurrenzkampf konnte Renz schließlich für sich entscheiden und zog nach Dejeans Saisonschluß 1852 in das freigewordene Gebäude in der Friedrichstraße. Ein Jahr später allerdings, 1853, brannte das Haus ab. Bis zur Eröffnung des Neubaus 1855 an gleicher Stelle spielte Renz vor allem in seinem neu erbauten Zirkus in Wien. Den neuen Ottoschen Zirkus kaufte Renz 1863 und machte damit ein äußerst günstiges Geschäft: Nur neun Jahre später erwarb die Eisenbahnbau-

Gesellschaft das Grundstück, um hier den Bahnhof Friedrichstraße zu errichten. Ernst Renz, mittlerweile der bedeutendste Zirkusdirektor in Europa, zog um in den sogenannten Markthallenzirkus, der aus der 1867 erbauten Markthalle zwischen Karlstraße und Schiffbauerdamm entstanden und bis dahin von dem Zirkusdirektor Albert Salamonsky gepachtet war. Als Markthalle hatte er nur ein einziges Jahr gedient.

Zirkus Renz war seit Jahren der Mittelpunkt der europäischen Zirkuskunst. Ernst Renz holte in sein »Institut« alles, was in der Artistik Rang und Namen hatte. Mit ungeheurem Ideenreichtum und Gespür für Publikumswirksamkeit variierte er seine Programme und erreichte eine nie zuvor gesehene Vielfalt des Repertoires. Er wechselte täglich das Programm, wobei die Reitkunst und die Pferdevorführungen dominierten, aber auch in der Akrobatik, der Clownerie, der Raubtier- und Exotendressur war Renz ständig auf der Suche nach Höchstleistungen und Neuheiten. Daneben gab es wechselnde Aufführungen von Zirkuspantomimen, die – neben dem artistischen Nummernprogramm – in die Manege gebracht wurden. Gegen diesen Zirkuskönig anzutreten erforderte eine gehörige Portion Selbstvertrauen. Wer war dieser Paul Busch, der das Wagnis einging?

Paul Busch, geboren am 22. Januar 1850, war ein Sohn des Berliner Weinhändlers Gottlieb Busch und dessen Frau, der Pfarrerstochter Emilie, geborene von Lossow. Seit frühester Kindheit hatten es ihm die Pferde angetan. Der Dienst bei der Kavallerie entwickelte seinen »Pferdeverstand«, und

Ernst Jacob Renz

Circus Renz, der »Markthallenzirkus«, als »Neues Olympia Riesentheater« um 1899

nach der Militärzeit und der Teilnahme am Krieg von 1870/71 als Freiwilliger wurde er Reitlehrer eines Tattersalls, einer Reitschule, in Reval. Ein mütterliches Erbteil ermöglichte ihm den Kauf von eigenen Pferden, und er begann seine Laufbahn als Schulreiter. 1876 trat Busch beim Zirkus Salamonsky in Odessa auf; hier traf er auf eine schöne junge Panneaureiterin, Star des Programms: Miß Constance.

Barbara Sidonie Wincott, geborene Grabe, verwitwete (oder geschiedene) Neiss, war die Tochter eines Panoramabesitzers angeblich griechischer Herkunft. Die meisten seiner acht Kinder wurden Artisten oder ebenfalls Schausteller. Auch Barbara, am 19. Mai 1849 in Hildesheim geboren, wurde schon als Kind in die harte Lehre einer Kunstreitertruppe gegeben, als »La petit Constantia« trat sie bereits 1861 im Zirkus Blennow auf. Als Miß Constance die Bekanntschaft des Schulreiters Paul Busch machte, war sie noch in zweiter Ehe mit dem englischen Parterreakrobaten Wincott verheiratet. Nachdem Busch in Berlin 1878 bei einem Zirkusbrand unter Einsatz seines Lebens ihre wertvollen Pferde gerettet hatte, trennte sie sich endgültig von ihrem Mann. Mit Paul Busch und Constance hatten sich zwei Menschen gefunden, die großer Ehrgeiz antrieb. Ihr Ziel war der eigene Zirkus. Nach einigen Jahren harter Arbeit und strengster Sparsamkeit hatten sie es geschafft: Am 29. Juni 1884 konnten sie in der dänischen Stadt Svendborg ihren »Circus Busch« eröffnen. Ein kleines Zelt, zehn Pferde und 3000 Kronen Betriebskapital waren der bescheidene Anfang eines Unternehmens, das zwei Jahrzehnte später der bedeutendste Zirkus Deutschlands sein sollte. Auch die Artistengesellschaft war zahlenmäßig noch klein: Neben dem Direktorenpaar zählten dazu Constances Tochter Maria Doré (Neiss), trotz ihrer Jugend – sie war noch keine 13 Jahre alt – schon eine begabte Artistin, der Jockeyreiter Baptist Schreiber, seinerzeit einer der anerkannt Besten seines Fachs, der Reckakrobat Cortes, zugleich Geschäftsführer des Unternehmens, und der Clown Möves (gleichzeitig Stallmeister und Dresseur). Das Eröffnungsprogramm des Circus Busch in Svendborg lautete:

Paul Busch

Maria Doré,
Tochter von Constance Busch

1. Voltige, ausgeführt von Frl. Maria Doré
2. Entree der Clowns Cortes und Möves
3. Normann, in Freiheit dressiert und vorgeführt von Herrn Direktor Busch
4. Recknummer des Herrn Cortesius
5. Frau Direktor Busch als Parforcereiterin auf Prinz
6. Drahtseilakt, ausgeführt von Frl. Maria Doré
7. Frant, in der Hohen Schule geritten von Dir. Paul Busch
8. Clown Möves mit dressierten Hunden und Katzen
9. Bolero zu Pferde, geritten von Herrn und Frau Dir. Busch
10. Baptist Schreiber, Jockeiakt
11. Clownpotpourri
12. Große Schulquadrille, geritten von allen Mitgliedern der Gesellschaft [2]

In den nächsten Jahren reiste Circus Busch in den skandinavischen Ländern mit zunehmendem Erfolg, vergrößerte sein Ensemble und seinen Marstall.

In Dänemark wurde die erste Tochter geboren: Am 6. Dezember 1886 kam in Odense Paula Busch auf die Welt. In der Geburtsanzeige in der Fachzeitschrift »Artist« hieß es: »Am Montag, den 6. December, wurde meine liebe Frau Constanze Avolo von einem gesunden Mädchen leicht und glücklich entbunden. Odense. Circus Busch. Avolo«[3] Der Name Avolo taucht ansonsten in der Geschichte des Circus Busch nirgends auf, da aber Artisten mit Künstlernamen (und deren Schreibweise) recht großzügig sind, dürfte dem keine weitere Bedeutung zukommen, diente wohl auch nur dazu, nicht unnötig publik zu machen, daß Paul Busch und Constance nicht verheiratet waren. Die Eheschließung erfolgte erst 1890, da die Scheidung von Wincott trotz der langjährigen Trennung erst so spät vonstatten ging.

Paulas Schwester Virginia wurde am 11. März 1888 in Kristiana, dem heutigen Oslo, geboren. Im gleichen Jahr wagte sich Circus Busch nach Hamburg – ein günstiger Moment, denn im Vorjahr war der hölzerne Renz-Bau abgebrannt, und es existierte somit derzeit kein Zirkus in der Hansestadt. Trotzdem »war (es) gewiß für einen so kleinen und jungen Zirkus ein gewagtes Unternehmen, nach dem altbewährten, berühmten Zirkus Renz vor das deutsche Publikum zu treten«, bekannte Paul Busch später.[4] Doch der Erfolg rechtfertigte das Wagnis, und so entschloß sich der Direktor, in Altona am Neuen Pferdemarkt ein eigenes festes Zirkusgebäude errichten zu lassen. Bis zu dessen Eröffnung reiste Busch in verschiedenen europäischen Ländern – und gab 1889 sein erstes Gastspiel in Berlin im Zirkusgebäude von Krembser am Karlsufer.

Die Töchter Paula und Virginia Busch

Hier wurde die Konkurrenzsituation zum etablierten, weltberühmten Zirkus Renz erstmals deutlich. Constance, die bei Renz als Reiterin mehrere Jahre Erfolge gefeiert hatte, zögerte anfangs – trotz ihres Ehrgeizes –, mit dem Zirkuskönig Renz, dem sie und ihr Mann große Achtung entgegenbrachten, in Wettstreit zu treten. Doch der Circus Busch hatte inzwischen eine solche Größe und künstlerische Bedeutung erlangt, daß sie diesen Wettbewerb wagen konnten – und der jahrelange, später oft erbittert geführte Konkurrenzkampf zwischen Renz und Busch nahm seinen Anfang.

1891 eröffnete Busch in Hamburg-Altona seinen Zirkusbau, Renz hatte 1889 am Circusweg in der Nähe des Millerntors seinen Neubau in Be-

Vorst.132 Preis 10 kr.

PROGRAMM.

Heute Samstag, den 17. September 1892

Abends halb 8 Uhr:

Grosse Damen-Gala-Vorstellung

zum Benefice für das gesammte Corps de Ballet.

1. **Musketier-Quadrille**, geritten von 20 Damen.
2. **Gebr. Waltons**, acrobatische Clowns.
3. **Mlle. Beata** als Reitkünstlerin (Clowns **Kronemann**)

   Zur gefälligen Beachtung! Da das Pferd des Frl. BEATA bei einem Brande verunglückte, so ist Selbige gezwungen, auf einem ihr ganz unbekannten Pferd zu arbeiten.
4. **Mlle. Vally** als Jockeyreiterin. (Clowns **Bridges** und **Barker**).
5. **Mlle. Taubert** als Voltigeuse.
6. **Hohe Schule**, geritten als „Cavalier“ von **Mlle. Gisella**, auf dem Schulpferd „Ismael“.
7. Auftreten der renommirtesten Clowns **Gebr. Kronemann**.

8. **Tableaux equestre** von 40 Hengsten, vorgeführt von Frau Director Constance Busch.

trieb genommen. Ein Jahr später kam es in Wien zu einer ähnlichen Situation: Auch hier gab es einen stationären Circus Renz in der Zirkusgasse – und Paul Busch ließ das 1881 von der »Société anonyme Austro-Belge des Pano- et Dioramas« errichtete Panoramagebäude im Prater zu einem Zirkus mit 2600 Plätzen umbauen und eröffnete am 30. Juni 1892 mit einem glanzvollen Programm (u.a. mit der beeindruckenden Vorführung eines Tableaus mit 40 Hengsten) und der Ausstattungspantomime »Eine Walpurgisnacht auf dem Blocksberg«, der wenig später die Wasserpantomime »Ludwig der XIV. und seine Abenteuer« folgte. Zirkuspantomimen sollten fortan zu einem Markenzeichen des Circus Busch werden.

Der Wiener Zirkushistoriker Gerhard Eberstaller schreibt dazu: »Die Circuspantomimen jener Zeit waren vor allem durch zwei Elemente gekennzeichnet, nämlich dem Aufgreifen einer literarischen oder historischen Vorlage und deren Umsetzung in ein phantastisch-bombastisches Schauerlebnis unter Zuhilfenahme eines gewaltigen Personenapparates einschließlich eines Corps de Ballet und einer auf das Barocktheater zurückgehenden vielfältigen Maschinerie. Der Circus nahm sich mit Vorliebe Stoffe aus der klassischen Literatur und dem gängigen Theater- und Opernrepertoire und kaschierte die inhaltliche Verdünnung mit äußeren Effekten und imposanten Aufma-

Ein Pferdetableau im Circus Busch: 100 Hengste, vorgeführt von Direktor Busch

chungen, um dem Amüsierbedürfnis des etablierten Bürgertums möglichst entgegenzukommen. Ein legendenhafter Stoff wie der der Walpurgisnacht, der zudem im Bildungsdrama eine so bedeutsame Rolle spielte, schien daher wie geschaffen für ein circensisches Spectaculum.«[5]

Im Circus Busch war Frau Direktor Constance Busch die »Seele« der Pantomimeninszenierungen. Unterstützt von ihrem Privatsekretär Dr. Schröder entwarf sie die Pantomimen und sorgte für die Umsetzung ihrer Ideen in phantasie- und effektvolle Aufführungen. Paula Busch hob später bewundernd hervor, daß ihre Mutter, die kaum eine Schulbildung genossen hatte, als »Naturtalent« bejubelte Zirkuspantomimen schuf, die den Ruf des Circus Busch wesentlich bestimmten.

Constance Busch

Paul und Constance Busch ergänzten einander in der Führung des Zirkusunternehmens aufs beste: Er war in erster Linie der gutbürgerliche, vornehme, distinguierte Geschäftsmann, der arbeitsame »Manager« eines immer größer werdenden Zirkusunternehmens. Sie war die Künstlerin, die unermüdlich an der Weiterentwicklung der Programme arbeitete – ohne ihre Gesundheit zu schonen, hart sich selbst gegenüber, aber auch gegenüber ihrer Familie.

Die Kinder erlebten ihre Mutter als gefeierten Zirkusstar und rastlos arbeitende Direktorin. Die Erziehung der Töchter Paula und Virginia lag in den Händen von Gouvernanten, die zwar deren Erziehung zu »höheren Töchtern« fördern, aber den Kindern kaum Herzenswärme geben konnten. Die älteste Tochter Constances, Maria, hatte in ihrer Jugend keinen Luxus erlebt, wohl aber eine strenge artistische Ausbildung durch die ehrgeizige Mutter erfahren. Paula und Virginia erhielten neben der schulischen Ausbildung auch Ballett- und Reitunterricht, und Virginia entwickelte sich später zu einer beachtlichen Schulreiterin, trat allerdings nur sehr selten auf. Constance Busch war eine gefeierte Künstlerin, Pantomimenmeisterin und Zirkusdirektorin – und ihr größter Triumph die Eröffnung des Berliner Busch-Gebäudes am 24. Oktober 1895.

Der Marstall des Circus Renz 1894. In den Vorstellungspausen konnten die Besucher gegen Entgelt den Marstall besuchen. Im alten Friedrichstadt-Palast wurden diese Räume zu Orchester- und Ballett-Garderoben umgebaut.

Nach Hamburg und Wien war Berlin, die Hauptstadt des Deutschen Reichs, das Ziel ihrer Wünsche. Nach dem Tod von Ernst Renz 1892 (Renz starb als mehrfacher Millionär, sein Circus Renz wurde vom ältesten Sohn Franz weitergeführt) ließ Paul Busch am Bahnhof Börse einen Zirkusbau errichten, der seinerzeit sehr modern und gut ausgestattet war. Das Architekturwerk »Berlin und seine Bauten« berichtete 1896: »Eine neuere umfangreiche Anlage ihrer Art bildet der Circus Busch, durch die Architekten Blumberg & Schreiber auf dem Hinterlande eines fiskalischen, für eine Reihe von Jahren verpachteten Grundstücks errichtet, welches, an der Burgstraße gelegen, einerseits von der Spree, anderseits von der Stadtbahn begrenzt wird. Eine neu angelegte, 19 m breite Zufahrtstraße vermittelt den Verkehr zwischen der Burgstraße und dem Circus. Der Zuschauerraum ist in Eisenfachwerk, die Vorbauten sowie das Stallgebäude sind massiv hergestellt. – Bemerkenswerth ist die in einem Zwischengeschoß angelegte Wandelhalle, die sich um den ganzen Zuschauerraum zieht. Diese Halle ist durch 4 m breite Treppen unmittelbar von außen, durch zwei andere von der Vorhalle aus zugänglich. Alle Treppen vom ersten und zweiten Platz münden in diese Wandelhalle, die während der Pause auch als Ausschank benutzt wird. – Quer durch die Bahn ist ein 3 m breiter und 2,20 m tiefer Graben angelegt, der bei überschwemmter Manege zum Durchschwimmen für Pferde und Elephanten benutzt wird. – Der Zuschauerraum faßt 4 330 Personen. – Der Stall bietet Raum für 123 Pferde. Außerdem sind noch in gegenüber liegenden Stadtbahnbögen Pferde untergebracht. Die Baukosten, einschließlich der Herstellung der Zufahrtstraße und der Verlängerung des daselbst befindlichen Nothauslasses der Canalisation, haben 400 000 M betragen.«[6]

Franz Renz ließ 1896 seinen Bau an der Karlstraße, die ehemalige Markthalle (später »Großes Schauspielhaus« unter Max Reinhardt, KdF-»Theater des Volkes« und nach dem Krieg Varietétheater »Friedrichstadtpalast«) renovieren und insbesondere die Ställe luxuriös ausstatten, um dem

Konkurrenzdruck zu begegnen, doch ein Jahr später löste er das Unternehmen auf. »Auf das Publikum übte der Name Renz, ungeachtet aller Bemühungen, doch nicht mehr die alte Zugkraft, die Konkurrenz erspähte eifrig die Mängel und Schwächen, und der unaufhaltsame Rückschritt des Geschäftsganges zwang den tiefverstimmten Direktor, seine stolze Gesellschaft am 31. Juli 1897 in Hamburg aufzulösen, ein Entschluß, der für die Zirkuswelt das denkbar sensationellste Ereignis bildete.«[7]

Der Markthallenzirkus wurde nach kurzem Revue-Zwischenspiel 1899 von Albert Schumann als Circus Schumann wiedereröffnet, womit nun wiederum ein Wettstreit zwischen Busch und Schumann begann, der bis zum Ersten Weltkrieg andauerte.

Der Neubau des Circus Busch (links), im Hintergrund der Bahnhof Börse (heute S-Bahnhof Hackescher Markt)

Die »goldenen Jahre«

Mit der Eröffnung des Berliner Zirkusbaus hatte das Unternehmen Busch seinen Höhepunkt erreicht. Man bespielte neben dem Haus in Berlin im Wechsel seine Bauten in Hamburg und Wien, gastierte aber auch in anderen Städten. Die Größe des Unternehmens dokumentiert ein Bericht über ein Gastspiel in Dresden: »Heute führt er 130 Pferde mit sich; für seine Requisiten bedurfte er zum Transport vom Circus bis nach dem Altstädter Güterbahnhof nur allein 65 grosser Möbelwagen des Spediteurs Winkler, welche seit vorigem Sonnabend ununterbrochen in Thätigkeit waren. An Personen waren 165 Erwachsene und 21 Kinder angemeldet und 25 Abtheilungen bereit zu stellen, ausserdem nehmen 28 Mann in den 12 Pferdewagen Platz, während eine Anzahl Mitglieder dem Sonderzuge voraneilen, um bei dessen Ankunft in Hamburg bereits für die Nachkommenden im Besitze von Quartieren zu sein. Man kann somit sagen, dass heute Director Busch eine Gemeinschaft von 230 Personen mit sich führt. Er muss deshalb nicht nur ein feiner Dresseur und energischer Director sein, auch als Finanzmann sieht er sich auf eine harte Probe gestellt...«[8]

Es war die Zeit der großen Zirkuspantomimen. Das »phantastische hydrologisch-aeronautische Ausstattungsstück ›Die Jagd nach dem Glück‹« hatte 1895 in Hamburg und ein Jahr später in Wien Premiere, im selben Jahr auch das Erfolgsstück »Zscheus, das Waldmädchen«. 1897 kam mit »Nach Sibirien« ein Stück heraus, das dem Circus Busch besonderen Ruhm eintrug. Rezensenten überboten sich im Lob und hoben hervor: »Selten hat eine Pantomime so andauernden Erfolg gehabt als ›Nach Sibirien‹, welche für Berlin ein Hauptschlager wurde.«[9] Auch aus Hamburg wurde »beispielloser Erfolg, allabendlich ausverkauft« gemeldet, ebenso später aus Wien, wo 600 Mitwirkende verzeichnet wurden. Besondere Erwähnung fanden Herr Terzy, der den Grafen Wolowski spielte, für seine Mimik, und Herr Cariot für die verwegene Troikafahrt die steile Kaskade hinauf in die Zirkuskuppel (etwa 20 m) und wieder herab.

Programmheft zur Pantomime »Sibirien«, 1897

Bei »Zscheus« hatten vor allem die Pracht der Ausstattung – 300 Mitwirkende als indische Bajaderen, Götzen, englische Offiziere usw., dazu schwimmende Elefanten und Pferde –, aber auch die Projizierung von Lichtbildern durch eine camera obscura als damals seltene Neuheit beeindruckt. Paula Busch berichtet in ihren Erinnerungen, daß für diese Pantomime ursprünglich die neueste Erfindung, der Kinematograph, verwendet werden

Plakat von 1892

sollte, aber weder Max Skladanowsky noch die Brüder Lumière seinerzeit imstande waren, ihre »lebenden Photographien« auf die nötige Bildfläche von 5 x 5 m zu projizieren. Es muß sich dabei jedoch um eine andere Pantomime gehandelt haben, »Zscheus« hatte im März 1895 Premiere, die ersten Filmvorführungen fanden aber erst im November und Dezember des gleichen Jahres statt.

Das Stück »Nach Sibirien« beeindruckte durch die sensationellen Effekte der Troikafahrt und das »Versinken« des Gefährts in der »eisbedeckten« Wassermanege und durch die prachtvollen Kostüme und die Nationaltänze original russischer Künstlergruppen. Präsentiert wurde ein wahres Fest für die Sinne, und die Zuschauer strömten in Scharen – und verstanden sehr wohl die Aussage des Stückes, das sich gegen die zaristische Diktatur richtete. Zwölf Jahre später, 1907, sollte bei Busch eine Pantomime »Die Nihilisten« vom Berliner Polizeipräsidenten aus politischen Gründen verboten werden. Erst nach Textänderungen durfte sie – nunmehr unter dem Titel »Marja« – 1910 aufgeführt werden.

Am 19. Januar 1898 starb Constance Busch im Alter von nur 49 Jahren. Ein bitterer Verlust nicht nur für die Familie, Constance war die artisti-

Angriff der Raubtiere auf Dompteur Willi Peters in der Busch-Manege am 4. November 1906

sche Leiterin des Unternehmens gewesen. Ihre Position übernahm in den Folgejahren Georg Burkhardt-Foottit, ein berühmter Schulreiter und Ehemann von Constances Tochter Maria Doré. Burkhardt-Foottit entwickelte sich schnell zum Meister der Pantomimen, aus seiner Feder stammten fast alle Zirkusschaustücke der nächsten Jahre, und er war gleichzeitig deren Regisseur. Maria Doré und Burkhardt-Foottit hatten 1893 gegen den Willen von Paul und Constance Busch heimlich geheiratet. Zwar kehrten sie später in den Circus Busch zurück und wurden dessen Stars und Stützen, aber Paul Busch hegte zeitlebens eine Abneigung gegen den Schwiegersohn.

1901 starb Maria Doré, nachdem sie – von Kindesbeinen an artistische Disziplin und Pflichterfüllung gewöhnt – trotz Lungenentzündung und Fieber ihre Hohe Schule geritten hatte. Aus der Ehe von Maria Doré und Burkhardt-Foottit gingen zwei Kinder hervor: Cordina, geboren 1893, und Georg, geboren 1895. Beide schlugen keine Zirkuslaufbahn ein. Burkhardt-Foottit war bis zur kurzzeitigen Schließung des Unternehmens 1914 für die Pantomimen zuständig; oft wurde allerdings Direktor Busch als Autor genannt, wie schon Constance nie namentlich als Urheberin in Erscheinung getreten war. Seine Manegenstücke bestimmten das Bild des Circus Busch, darunter so erfolgreiche wie »Auf der Hallig«, »Aus unseren Kolonien«, »Katharina II.« und »Klondike«. Neben dem Begriff Zirkuspantomime tauchten nun die Bezeichnungen Manegenschauspiel oder Manegenschaustück auf. Es gibt keine scharfen Abgrenzungen zwischen diesen Formen, die Begriffe Schauspiel oder Stück wurden meist gewählt, wenn der Dialoganteil höher war als bei den traditionellen Pantomimen.

Der geschäftliche Erfolg nicht zuletzt durch diese Schaustücke ermöglichte es Paul Busch, sein Unternehmen nochmals zu erweitern. 1902 übernahm er in Hamburg das Renz-Gebäude, der alte Busch-Bau in Hamburg wurde 1905 als »Schillertheater« wiedereröffnet (und steht noch heute, allerdings in sehr schlechtem Zustand). Ein Jahr später kaufte Busch das Renz-

Gebäude in Breslau, so daß er nun vier feste Häuser besaß, die im Wechsel bespielt wurden. Im Jahre 1904 verfügte Busch über 120 Pferde, 8 Elefanten, 50 Mann Stallpersonal, 36 Mann Kapelle, 120 Ballettmädchen, 24 Mimiker, 12 festangestellte artistische Darbietungen. Für die Pantomimen wurden an die 300 Statisten beschäftigt.

Die Attraktion vieler Manegenschaustücke waren neben Ausstattung und technischen Effekten ausgesprochene »Stunts«, die nicht ungefährlich waren und öfter auch zu Unfällen bei Menschen und Tieren führten. So wurde nach Beschwerden über »Menschen- und Thierquälerei« und »lebensgefährliche Scenen« ein Sprung mit dem Pferd auf die Kaskade in der Pantomime »Die eiserne Maske« 1900 vom Berliner Polizeipräsidium verboten. Die sogenannte Kaskade, eine schräge Rampe, stieg vom Manegenboden in die Zirkuskuppel in einem Winkel von circa 50 Grad an und diente in vielen Inszenierungen für halsbrecherische Kunststücke. »Die eiserne Maske« galt als das personell aufwendigste Stück im Zirkus Busch. »800 Mitwirkende erschienen im Finale in der Manege und auf den Bühnen. Voran 120 Musketiere zu Pferde mit 40 Fanfarenbläsern, die täglich von den Berliner Garde-Kürassieren gestellt wurden. Sie waren für diesen ›Einsatz‹ durch Sonderbefehl des Kaisers zum Circus Busch abkommandiert worden.«[10] Solche Abkommandierungen waren nicht selten, beispielsweise sollen in einem Manegenschaustück »Gneisenau« insgesamt 110 Mann Militär als Tambourkorps, Fanfarengruppe und Militärkapelle mitgewirkt haben.

Die Schulreiterin Therese Renz trat wiederholt im Circus Busch auf

Ein Besuch des Circus Busch galt in der kaiserlichen Familie durchaus als standesgemäß, Paula Busch berichtete in ihren Memoiren »Das Spiel meines Lebens« von mehreren Begegnungen mit der Kaiserin Auguste Viktoria und ihren Kindern samt Hofstaat bei Vorstellungen des Circus Busch, auch mit dem Kronprinzen, der eines seiner Pferde zu Paul Busch in die Dressur gab. Für einen Besuch der Kaiserin wurde, wenn es sein mußte, auch rasch umdisponiert: »Die Schwimmerinnen auf den Leuchtfontänen trugen über ihren Venustrikots diskrete, engmaschige Schleier. Die Balletdamen hatten in der Zirkusschneiderei ihr Dekolleté um fünf Zentimeter erhöhen lassen, den Jockeyreiterinnen war das kurze Jäckchen gegen Kosakenuniformen ausgetauscht worden. Das Publikum bei solchen ›allerhöchsten Vorstellungen‹ übersah freundlichst all diese Vermummungen, die manchen Wassertrick und manche Reiterbravour unmöglich machten. Es erhob sich begeistert, wenn die Kaiserin unsere Hofloge betrat ... Für jede Benutzung der Hofloge im Circus Busch zahlte das Hofmarschallamt den Betrag von 100 Mark.«[11]

»Todessprung« von Paul Mündner durch die Manege um 1903

Im Zirkus trafen sich zu jener Zeit alle Schichten der Bevölkerung: vom kaiserlichen Hochadel bis zu den Kindern der Ärmsten beispielsweise aus dem Berliner Scheunenviertel in der unmittelbaren Umgebung des Circus Busch. Es war bei Renz und auch bei Busch üblich, daß jeder erwachsene Besucher für ein Kind freien Eintritt hatte, und so bettelten die Kinder jene Besucher, die ohne Kinder kamen, an, sie mit in die Vorstellung zu nehmen. Pferde spielten in den artistischen Programmen des Circus Busch eine dominierende Rolle, sowohl als Freiheitsgruppen (u.a. das berühmte Pferdekarussell mit 100 Tieren, vom Direktor auf der Spitze einer Pyramide stehend vorgeführt) wie als Reiterei. Bei Busch gastierten im Laufe der Jahre wohl alle bekannten Reiter und Reiterinnen ihrer Zeit – auch der Konkurrent Albert Schumann. Oberstallmeister war von 1900 bis 1904 Paul Buschs Neffe Adolf, der 1897 als Bereiter bei Busch angefangen hatte, 1905 zum Circus Wilhelm Hagenbeck wechselte und dort ein bekannter Elefantendompteur wurde.

Busch hatte ein Gespür für das Außergewöhnliche, ob artistische Sensationen wie Todessprünge und Loopingfahrten (wobei 1907 der Luftspringer Gadbin tödlich verunglückte), Delawares boxendes Känguruh, die ersten dressierten Hagenbeck-Schimpansen, Eisbären oder Elefanten auf der Wasserrutsche oder technische Neuheiten. Das boxende Känguruh machte übrigens Filmgeschichte: Es war ein »Star« in den »lebenden Bildern« von Max Skladanowsky, die als erster Film der Welt am 1. November 1895 im Varieté Wintergarten öffentlich vorgeführt wurden. »Die Aufnahme (des boxenden Känguruhs – d. Verf.) geschah ... vor einem weissen Vorhang, der vor dem Zirkus Busch in Berlin aufgestellt war, woselbst der Mister Delaware in gleicher Weise im Programm auftrat.« [12]

Die Elefantenrutschbahn im Circus Busch. Holzstich nach einer Zeichnung von Georg Koch, 1903.

Wissenschaftliche Erfindungen wurden damals oft zuerst auf dem Jahrmarkt oder im Zirkus »vermarktet«, gern auch von den Zauberkünstlern aufgegriffen und dem staunenden Publikum präsentiert. Paul Busch war an derlei Neuerungen immer sehr interessiert und bezog sie vor allem in die Manegenstücke ein. Ein Inserat im Fachblatt »Das Programm« von 1907 warb: »Die Herren Direktoren, welche bestrebt sind, Neuheiten zu bringen, sollten nicht versäumen, sich die wunderbaren Projektions-Darstellungen in der Pantomime ›Auf der Hallig‹ im Circus Busch anzusehen. – ›Der Schiffsuntergang bei stürmischer See‹ – ›Die Wunder der Tiefsee‹. Sämtliche Projektions-Apparate, Wasser- und Wolken-Effekte, Kinematographen und optischen Scheinwerfer von der Firma Willy Hagedorn Berlin C 54, Rosenthaler Straße 40.«[13]

1909 begeisterten sich die Rezensenten an einem »Radiumballett«: »In ›Rom‹, der neuen Pantomime des Zirkus Busch, bilden mit Radium imprägnierte Gewänder einer Schar von Tänzerinnen die Hauptsensation. Der weite Raum des Zirkus ist vollständig verdunkelt und ein sanftes, blaugrünes Licht ausstrahlend, huschen die Balletteusen wie Gespenster umher. Die Wir-

Sensationstrick bei Busch: der Kanonenkönig H. R. Zula als »lebendes Projektil« (1905)

kung ist faszinierend. Wie Eingeweihte versichern, soll die Imprägnierung jedes der aus gewöhnlicher Leinwand bestehenden Kostüme an 5000 Mark gekostet haben.«[14] Und ein anderer Rezensent stellte fest: »Mit der Einführung des Radiums in die moderne Bühnenkunst hat Kommissionsrat Busch sich ein dauerndes Verdienst erworben.«

1908 ließ Busch seinen Berliner Zirkus mit einer Vergrößerung des Wasserbassins und einem Umbau des Schnürbodens renovieren. Doch auch die Konkurrenz ruhte nicht. Albert Schumann stattete 1909 seinen Zirkus mit neuer Bühne aus: »Zum ersten Male wird bei der Aufführung (der Pantomime ›Die drei Rivalen‹ – d. Verf.) das 19 m lange und 13 m breite, in seiner Höhe verstellbare Podium in Aktion treten, sowie die demselben vorgelagerten 8 Podien, welche eine Darstellung der Szenerie ermöglichen. Der Szenenwechsel erfolgt durch die riesige Drehbühne.«[15] Schumann, der als der beste Pferdedresseur seiner Zeit galt und in seinem Haus an der Spree die glanzvollsten Pferdenummern präsentierte, hatte erkennen müssen, daß der reine Pferdezirkus nicht mehr die Kassen füllte. Also paßte er sich dem Unterhaltungsbedürfnis der modernen Großstadt an und brachte ebenfalls Ausstattungsstücke heraus, beispielsweise »Golo, der Seeräuber und Mädchenhändler«. 1911 ließ Schumann sich die Ausstattung seiner romantisch-phantastischen Feerie »Die drei Rivalen oder Das mysteriöse Schloß in der Normandie« 300000 Mark kosten, eine selbst für die prachtvoll ausgestatteten Manegenstücke jener Zeit unglaubliche Summe, die andererseits aber auch belegt, wie hoch die Einnahmen in der Vorkriegszeit gewesen sein müssen. Doch im Gegensatz zu Busch, der in erster Linie auf seine Manegenstücke setzte, dominierte bei Schumann immer die Artistik und da in erster Linie die vielfältigen Pferdedressuren.

Albert Schumann, bester Pferdedresseur seiner Zeit, der große Konkurrent Paul Buschs

Auch Busch erwog bauliche Veränderungen seines Berliner Hauses, zögerte aber, da der Pachtvertrag für das Berliner Grundstück zeitlich begrenzt und vom Finanzminister jederzeit kündbar war. In einem Brief vom 31. Oktober 1911 an die Königliche Ministerial-Militär- und Bau-Kommission[16] stellte er den Antrag, den Mietvertrag über die nächsten drei Jahre hinaus auf noch weitere fünf Jahre zu verlängern oder das Grundstück käuflich erwerben zu können. Als Grund gab er an, daß das Königliche Polizei-Präsidium anheim gestellt hatte, außerordentlich umfangreiche Um- und Einbauten im Zirkus vornehmen zu lassen, da Busch die Absicht habe, für die Ausstattungsstücke die volle Theater- und Varieté-Konzession zu erwerben. So wurden der Einbau eines eisernen Vorhangs und andere baupolizeilich notwendige Veränderungen gefordert. Diese Forderungen wurden im Laufe der folgenden Jahre immer wieder erhoben, ohne daß grundsätzliche Umbauten erfolgten. Die Auseinandersetzungen mit der Baubehörde dauerten über Jahre an, teils um die Verlängerung und Erweiterung des Pachtvertrages, teils um die Pachthöhe.

1912 reichte Zirkusdirektor Hans Stosch-Sarrasani ein Gesuch ein, ihn als Reflektanten auf das fragliche Gelände zuzulassen, da Buschs Pachtvertrag demnächst ablaufe, und bot eine Miete, die über der von Busch lag, bzw. eine Kaufsumme von 1 200 000 Mark. 1913 trat er jedoch von der Bewerbung zurück »auf Grund meinerseits geänderter Dispositionen«[17] – er hatte mittlerweile in Dresden einen Zirkusbau in Betrieb genommen. Daraufhin erneuerte Busch seinen Vertrag und pachtete auch noch das Vordergrundstück, das allerdings nie genutzt wurde.

Paul Busch mit Tochter Paula und Enkelin Micaela

Wie andere Zirkusunternehmer stellte Busch seine Häuser – die ja von ihm selbst nur im Wechsel bespielt wurden, wobei übrigens Breslau meistens zu kurz kam – auch für andere Veranstaltungen zur Verfügung. So fand 1903 die »Internationale Ringkampf-Konkurrenz« um die Weltmeisterschaft im Berliner Circus Busch statt. Und es gab auch Gastspiele anderer Zirkusse in den Busch-Bauten wie beispielsweise 1908 Münstedts Zwergentheater »Grand Cirque Liliput«.

Das Wiener Zirkusgebäude wurde 1912 in ein »Zirkus-Busch-Varieté« umgewandelt, die Direktion übernahmen E. Adler (ab 1914 Gustav Altschul) und Turl Wiener. Schon in den Jahren zuvor hatte das Haus häufig anderen Zwecken gedient, so sportlichen Veranstaltungen oder 1908 der Kinovorführung des Kaiserhuldigungsfestzuges (»Filmlänge 2 500 m, 130 000 Aufnahmen, klare, reine und scharfe Bilder«). 1911 führte Max Reinhardt im Wiener Busch-Bau den »Oedipus« mit Moissi auf, in den folgenden Jahren Schmidtbonns Legendenspiel »Der verlorene Sohn« und Hofmannsthals »Jedermann«. Im »Busch-Varieté« wurde 1913 auch Haydns »Schöpfung« zu einem Ausstattungsstück »verarbeitet«.

Paul Buschs Tochter Paula, die in diesen Jahren noch relativ wenig direkten Kontakt zum Zirkus hatte, trat mehr und mehr in die Fußstapfen ihrer Mutter. Paula Busch hatte nach dem Abschluß des Lyzeums am Katholischen Mädchengymnasium in Köln das Abitur gemacht; in Berlin war zu dieser Zeit Mädchen das humanistische Gymnasium noch verschlossen. Ein Studium der Literatur- und Kunstgeschichte und Philosophie schloß sich an. 1911 heiratete sie den Kölner Gymnasialprofessor Dr. Alois

Uhl. Neben dem Studium widmete Paula Busch sich auch dem Schreiben.

Sie debütierte mit einem Manegenstück, das 1910 im Circus Busch Premiere hatte: »Armin oder: Die Hermannsschlacht. Historisches Manege-Schaustück in 5 Akten«, ihm folgte 1912 ein Mittelalter-Spektakel unter dem Titel »Die Hexe«. Aber auch zwei Romane erschienen 1912: »Die Verkannten« (1911 bereits als Fortsetzungsroman in »Die Hamburger Woche« unter dem Titel »Das Zirkuskind« erschienen) und »Ehe biegen oder brechen« und daneben im Theaterverlag Bloch das Schauspiel »Akrobaten«, das 1911 im Bremer Schauspielhaus zur Uraufführung gelangte und später von ca. 50 deutschen Bühnen und in Dänemark gespielt wurde.

1913 brach Paula Busch ihr Studium ab, die geplante Dissertation über die Zirkuspantomime blieb ungeschrieben. Am 7. Mai 1913 brachte sie ihre Tochter Constanze Micaela zur Welt. Wenige Jahre später wurde ihre Ehe geschieden. Paula Busch entschied sich endgültig für ein Leben in Unabhängigkeit, für die Schriftstellerei und den Zirkus. Der einzige Mann (außer François Maisonneuve, für einige Jahre ihr »Prinzgemahl«, wie sie es nannte), der in ihrem Leben noch eine Rolle spielte – und zwar eine überaus dominierende –, war von nun an ihr Vater. Die Beziehung zwischen Paul Busch und seiner Tochter Paula, in der er immer den gewünschten Sohn sah und die er deshalb konsequent »Paulchen« nannte, war sehr innig. Als Dreiundachtzigjährige schrieb sie: »Ich verehrte ihn. Ich hing mit jeder Faser meines Herzens an ihm ... Es war für mich die Krönung meines Lebens, daß ich ihm zugleich Tochter und Sohn sein durfte.«[18]

Paula Busch, Gemälde von Max Slevogt

Paula Busch hat sich ein Leben lang verpflichtet gefühlt, das Werk ihres Vaters fortzuführen, unter allen Umständen, unter Hintansetzung aller persönlichen Belange, Opferung allen Vermögens, ohne Rücksicht auf ihre Gesundheit, ihr Alter oder ihre Familie.

Circus Busch schließt seine Pforten

Paul Busch hing offenbar sehr viel weniger an seinem »Lebenswerk«. 1913 beschloß er, sein Unternehmen aufzulösen und die Häuser an seinen Konkurrenten Schumann zu verpachten. Als Gründe wurden »die Ungunst der Zeit, die Konkurrenz des Kinos und vor allem die Lustbarkeitssteuer« genannt. Busch verfügte 1913 über ein Privatvermögen von über fünf Millionen Mark und war nicht geneigt, ein Geschäft weiterzubetreiben, das weniger Gewinn einbringen würde als in den »goldenen Jahren« seit der Gründung seines Zirkus.

Das Kino hatte sich seit der Jahrhundertwende durch seinen Abwechslungsreichtum und die niedrigen Eintrittspreise zu einem Massenvergnügen entwickelt und war zur ernsthaften Konkurrenz für Zirkus und Varieté geworden. 1913 war die Zahl der Kintopps zwar schon wieder zurückgegangen, aber allein in Berlin gab es immer noch circa 300, darunter allein 9 Filmtheater der U.T. Gesellschaft mit insgesamt 10000 Plätzen.[19]

Die vom Berliner Magistrat 1913 eingeführte Lustbarkeitssteuer erhob auf jede Eintrittskarte zu kulturellen Veranstaltungen Steuern: 20% bei Varieté und Zirkus, 15% bei Revue, 10% bei Schauspiel – nur die Oper blieb steuerfrei. Gegen diese Steuer liefen Artistenvereinigungen, Varieté- und Zirkus-

Berliner Kino um 1912

direktoren, Theaterleiter, Kinobesitzer und Bühnengenossenschaft Sturm, ohne jedoch eine Rücknahme der Verordnung erreichen zu können.

In einem Brief vom 16. Dezember 1913 an die Königliche Ministerial-, Militär- und Baukommission schrieb Paul Busch: »...Gleichzeitig mache ich die ergebene Mitteilung, dass ich für den nächsten Winter vom September 1914 ab mein Circusgebäude an Herrn Kommissionsrat Albert Schumann verpachte, da nach meinem Dafürhalten keine Aussicht besteht, dass die Lustbarkeitssteuer vor Ablauf von 2 Jahren aufgehoben wird, welche für diese Steuer als Probezeit angesetzt ist und auch dann noch die Befürchtung besteht, dass die Steuer in irgend einer Form weiter aufrecht erhalten wird. Ich sehe somit keine Möglichkeit, die Folgen aus dieser Steuer zu vermeiden, welche für mich jeden geschäftlichen Gewinn illusorisch machen, so dass ich beschlossen habe, meinen Betrieb am 31. März 1914 aufzulösen und in Zukunft mein hiesiges Gebäude lediglich weiter zu verpachten.«[20]

Unter dem Vorbehalt, daß Busch weiterhin haftbar war für seinen Vertrag mit dem Königlichen Preussischen Fiskus, dem Eigentümer des Grundstücks an der Kleinen Präsidentenstraße 7/Überfahrtgasse 1, stimmte das Finanzministerium der Untervermietung an Schumann zu.

Daß Paul Busch ein vermögender Mann war, geht aus der Veranlagung seines Einkommens mit 315000 bis 320000 Mark und seines Vermögens mit

Das Varieté Wintergarten mit dem berühmten Sternenhimmel

Circus Busch am Spreeufer

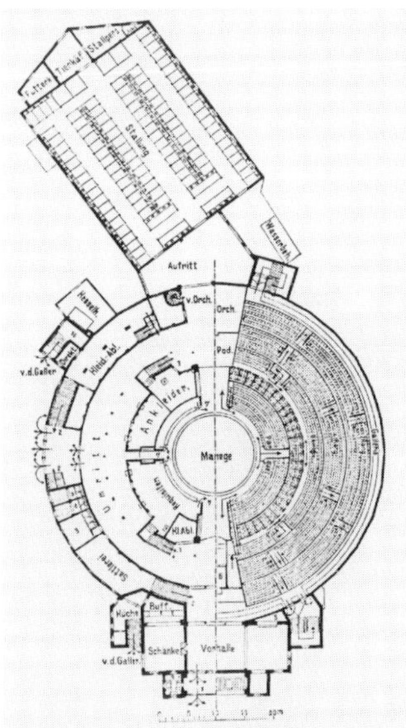

Grundriß des Busch-Baus mit 4250 Plätzen, davon 390 Galerie, 1610 2. Platz, 922 1. Platz, 456 Balkon, 536 Parkett, 336 Loge (durch Umbau 1904 reduziert auf insgesamt 4097 Plätze)

5 380 000 bis 5 400 000 Mark durch die Steuerbehörde im Oktober 1913 hervor. Als er zur Verleihung des Titels »Geheimer Kommissionsrat« vorgeschlagen wurde (1902 war er zum Königlich preußischen Kommissionsrat ernannt worden), lehnte Polizeipräsident von Glasenapp das mit dem Bemerken ab, er sehe dazu keine Veranlassung: »Nachdem mir aus dem Bericht des Commissariats die günstigen Einkommens- und Vermögensverhältnisse des Busch bekannt geworden sind, kann ich nur sagen, dass es sehr erwünscht gewesen wäre, wenn Busch diese seine Mittel dazu benutzt hätte, um den im sicherheitspolizeilichen Interesse gestellten Anforderungen prompt und bereitwillig nachzukommen.«[21]

Streit gab es um die Verpachtung der Häuser an den Konkurrenten Schumann statt an seinen Schwiegersohn Burkhardt-Foottit, der sich darum beworben hatte, der den Namen Busch weiterführen und das Personal, das zum größten Teil schon viele Jahre im Unternehmen war, behalten wollte. Hätte Paul Busch irgendein Interesse an der weiteren Existenz seines Zirkus gehabt und sich tatsächlich nur aus Altersgründen oder Sorge um sein Vermögen zurückziehen wollen, so bot sich mit Burkhardt-Foottit der bestgeeignete Mann zur Weiterführung des Unternehmens. Aber Busch lehnte ab und wählte statt dessen seinen Konkurrenten, der ihm eine höhere Miete zusagte, als der Schwiegersohn es konnte.

In einem zeitgenössischen Zeitungsartikel hieß es: »Nach dem Tode von Buschs Frau … übernahm die gesamte Leitung der Manege der berühmte

In der Clownsgarderobe, um 1913

Schulreiter Footit-Burkhardt, der Schwiegersohn Buschs. Damit begann für den Zirkus eine neue, eben die Aera, die ihn weit über die Grenzen Berlins berühmt gemacht hat. Die besten und farbenprächtigsten Ausstattungspantomimen, die gezeigt wurden, sind die Werke des Herrn Footit-Burkhardt. Als Busch nun seine Absicht äußerte, den Zirkus aufzugeben und sich ins Privatleben zurückzuziehen, wollte Herr Footit zusammen mit dem langjährigen Geschäftsführer Herrn Schmidt den Zirkus übernehmen und zwar mit dem gesamten alten Personal. Herr Footit aber bekam das Geschäft nicht, und er hätte es auch wohl nie bekommen, denn eine mehr als zwanzigjährige Feindschaft und ein tiefer Riß trennte die beiden Männer. Trotzdem entließ Busch den Schwiegersohn nicht, denn er wußte ohne ihn kaum etwas zu beginnen. Nun hat Herr Kommissionsrat Albert Schumann das Unternehmen übernommen. Er zahlt allerdings etwas mehr Pacht, als Footit und Schmidt geboten hatten, doch Herr Busch hätte daran denken sollen, daß er von Schumann nie anders als ein Pfuscher betrachtet wurde ... Durch den Umstand, daß Schumann mehr bot als Footit, sind Hunderte von Menschen, die Herrn Busch seit Jahrzehnten dienten, brotlos geworden. Herzzerreissend war das Weinen und der Jammer am letzten Abend, als es für so viele alte Leute galt, die Brotstelle auf immer zu verlassen und ins Ungewisse hinauszugehen. Eine bezeichnende Handlungsweise: Der Requisiteur Terzi, der mehr als 25 Jahre dem Direktor Busch gedient hatte, mußte zwei Tage früher abreisen, da er sein neues Engagement in Rußland pünktlich antreten mußte. Ihm wollte Herr Busch diese zwei Tage von der Gage abziehen ...«[22]

Sicher ist dieser Artikel von Abneigung gegen Paul Busch bestimmt, so wird auch erklärt, daß Busch seine Pferde nicht selbst dressiert habe und hartherzig gegenüber seinen Angestellten und Artisten sei. Doch auch der Zirkushistoriker Joseph Halperson merkt in seinem »Buch vom Zirkus« an, daß Paul Busch »kein ›Pferdemann‹ im strikten Sinne des Wortes (war), wie die Mehrzahl der zum größten Teil längst in kühler Erde ruhenden Zirkusleiter, und als Dresseur, wie als Schulreiter vielleicht auch nicht in einem Atem mit diesen zu nennen...« Sidonie Constance Busch, Maria Doré und Georg Burkhardt-Foottit dagegen rühmt Halperson in höchstem Maße.[23]

Busch und Schumann schlossen einen Vertrag, der die Verpachtung der Busch-Bauten in Berlin, Hamburg und Breslau auf mehrere Jahre vorsah. Die Pferde und Elefanten wurden verkauft, zum Teil an Hans Stosch-Sarrasani, die Kamele gingen an Carl Hagenbeck. Am 31. März 1914 schloß der Circus Busch mit einer Abschiedsvorstellung seine Pforten.

Kampf ums Überleben 1915 – 1932

Erster Weltkrieg und Weltwirtschaftskrise

Im März 1914 stand Max Reinhardt, Theaterdirektor und Regisseur, in Verhandlungen mit Albert Schumann. Nach den erfolgreichen Inszenierungen von »Oedipus« 1910, der »Orestie« und »Jedermann« 1911 im Zirkus Schumann plante Reinhardt, den Bau als »Riesenvolkstheater« zu übernehmen und dort »Volksfestspiele« zu veranstalten – als zweite Spielstätte neben dem Deutschen Theater. Schumann wollte mit seinem Zirkus in den Busch-Bau am Bahnhof Börse wechseln und dort im Herbst 1914 die Winterspielzeit eröffnen.

Im Frühjahr spielte Schumann im Breslauer Busch-Bau: »Circus Albert Schumann, der inzwischen nach Breslau übersiedelte, wird daselbst die Pantomime ›Golo‹ in neuer Bearbeitung zur Aufführung bringen. Die Hauptrollen liegen in den Händen der Herren Magrini und Delbosque (vorher bei Paul Busch – d.Verf.).«[1]

Der Kriegsausbruch macht alle Pläne zunichte. Als am 1. August die Mobilmachung befohlen wurde, requirierten die kaiserlichen Behörden rücksichtslos auch die wertvollen Pferde des Circus Schumann für den Kriegsdienst bei der Kavallerie. Das bedeutete einen harten Schlag für den Zirkus Schumann, dessen Programme stark auf Pferdedressuren ausgerichtet waren. Schumann mußte den Vertrag mit Busch rückgängig machen, es kam zu gerichtlichen Auseinandersetzungen, und Schumann mußte eine Abstandssumme zahlen. In einem Brief an den Berliner Polizeipräsidenten von Glasenapp vom 22. Dezember 1914 beklagte sich Schumann über die Forderungen Buschs anläßlich der Auflösung des Vertrages: »... Der Ausbruch des Krieges brachte die Erörterung der Auflösung bzw. Hinausschiebung dieses Mietsvertrages. Eine Verständigung scheiterte an den ungeheuerlichen Forderungen des Herrn Kommissionsrates Busch, welcher, obgleich er sein Cirkusgebäude durch Aufnahme von Pferden, durch Vermietung an Sarrasani und durch Veranstaltung von patriotischen Festen nutzen konnte und teilweise schon genutzt hat, noch 40000 Mark Entschädigung von mir im Prozesswege verlangte und die von mir gestellte Bankkaution zurückhält. Ich habe nun den Einwand gemacht, dass Busch am 1. September, von welchem Tage an er Miete verlangt hat, noch gar nicht die ihm auferlegten Ein-

Circus Busch in Breslau

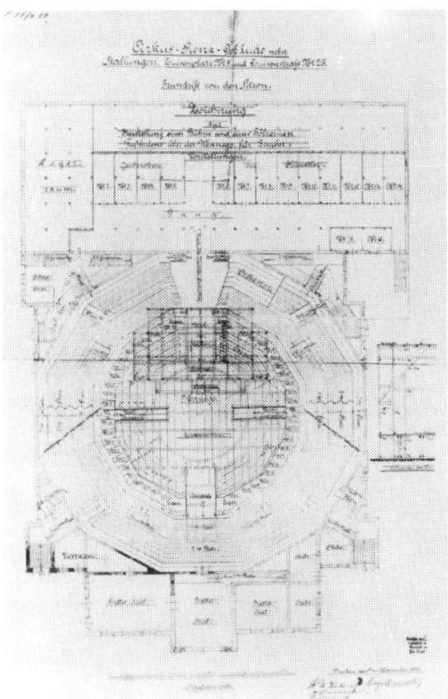

Bauplan von 1899 des Circus Renz in Breslau, seit 1903 Circus Busch

richtungen des Cirkus fertiggestellt hatte, dass deshalb das Cirkusgebäude nicht fertiggestellt war. Busch behauptet aber, dass dies doch der Fall gewesen sei. Es muss also ihm bzw. Sarrasani gegenüber von der Ausführung dieser mir gestellten Bedingungen Abstand genommen sein. Eventuell bitte ich um gefl. Mitteilung, ob und wann denn vor dem 1. September die baupolizeiliche Abnahme des spielfertigen Cirkus stattgefunden hat ...«[2]

Glasenapp bestätigte in seinem Antwortschreiben vom 29. Dezember 1914, daß eine baupolizeiliche Besichtigung Anfang September stattgefunden habe und die zuvor beanstandeten Mängel im wesentlichen beseitigt waren. Schumanns Unternehmen war nicht mehr zu retten. Gegen Ende des Krieges gab Albert Schumann auf, am 31. März 1918 fand im Circus Schumann die Abschiedsvorstellung statt, genau vier Jahre nach der von Busch. Schumann erwarb vom Verkaufserlös, 2750000 Mark, ländliche Liegenschaften und widmete sich fortan als wohlbestallter Rittergutsbesitzer seiner Passion: den Pferden. Seinen »Markthallenzirkus« übernahm die National-Theater AG von Max Reinhardt, nach dem Umbau durch Prof. Hans Poelzig wurde das Haus an der Spree 1919 als »Großes Schauspielhaus« mit Sophokles' »Orestie« wiedereröffnet.

Paul Busch aber suchte seit der Vertragsauflösung mit Schumann 1914 für seine Zirkusse neue Mieter, denn er mußte weiterhin die Pacht – allein in Berlin in einer Höhe von jährlich 40 000 Mark – für die Grundstücke zahlen. Am 24. November 1914 schrieb er an die Königliche Ministerial-Militär- und Baukommission: »Hierdurch mache ich die ergebene Mitteilung, dass ich mein Vertragsverhältnis mit Herrn Kommissionsrat Albert Schumann gelöst und hiernach mein Zirkusgebäude ab Dezember 1914 bis 30. April 1915 an den Zirkus-Direktor Herrn Hans Stosch-Sarrasani in Dresden vermietet habe. Für eine baldgefällige Bestätigung, dass gegen die Vermietung dortseits nichts einzuwenden ist, würde ich sehr verbunden sein.«[3]

Am 10. Dezember bat er um die Genehmigung, Sarrasani die Aufführung eines »Manegeschaustücks mit erläuterndem Text« zu gestatten, da durch die Einberufung vieler Artisten ein rein artistisch-zirzensisches Programm nicht aufzustellen sei. Vom gleichen Tag datierte ein Schreiben des Polizeipräsidenten an Hans Stosch-Sarrasani:

»Auf die gefälligen Schreiben vom 28. November und 6. Dezember erwidere ich Ihnen ergebenst: Die Ausdehnung Ihres Wandergewerbescheins auf den Landespolizeibezirk Berlin genügt nicht zur Zulassung des von Ihnen im hiesigen Cirkus Busch beabsichtigten Unternehmens. Da es sich um einen Betrieb in einem stehenden festen Cirkusgebäude handelt, ist vielmehr eine Erlaubnis des Stadtausschusses gemäß §33a der Reichsgewerbeordnung für die Aufführungen nötig. Das Manegenschaustück ›Europa in Flammen‹ kann ich Ihnen aber, selbst wenn Sie die Erlaubnis des Stadtausschusses erhalten, schon deshalb nicht gestatten, da es sich nicht um eine Pantomime, sondern um ein Stück mit erheblichen Sprechrollen handelt und das Cirkusgebäude den baupolizeilichen Anforderungen, die bei der Zulassung von eigentlichen Theaterstücken gestellt werden, nicht entspricht. Ferner erscheint das Stück, dessen Textbuch hier z. Zt. gelegentlich des Antrages auf Genehmigung des Stückes ›Weltbrand‹ vorgelegt ist, in der gegenwärtigen Zeit nicht genehmigungsfähig, da es mit dem Stück ›Weltbrand‹, welches ich im Einvernehmen mit dem Königlichen Oberkommando verboten habe, im wesentlichen übereinstimmt. – In Vertretung gez. von Glasenapp«[4]

Hans Stosch-Sarrasani

»Europa in Flammen«, ein betont antirussisches Spektakel, war ein Werk von Adolf Steinmann, der in den folgenden Jahren Autor vieler Manegenschaustücke für den Circus Busch wurde. Sarrasani hatte »Europa in Flammen« im November 1914 im Dresden herausgebracht, im Frühjahr 1915 ließ er einen zweiten Teil folgen und in den nächsten Jahren weitere Stücke.

Im Wiener Busch-Bau gastierte 1915 Zirkus Krone mit diesem Erfolgsstück, man rühmte sich der Mitwirkung von 500 Statisten und 100 Pferden. Die Zensur Sachsens und Bayerns war offenbar weniger streng als die preußische. »Europa in Flammen« war anscheinend auch das erste Manegenstück, das größere Sprechrollen enthielt – bedingt durch den aufgrund des Krieges herrschenden Mangel an artistischen Darbietungen wurde auf Theater in der Manege, garniert mit einigen Ballett- und Artistikeinlagen, ausgewichen.

Nach der Ablehnung des Stückes in Berlin schrieb Paula Busch 1915 für Sarrasani eine Pantomime »Siege im Kriege«, inhaltlich angelehnt an »Europa in Flammen«, durch weitere Einberufungen gelangte das Stück ebenfalls nicht zur Aufführung. Die Kontakte zwischen Busch und Sarrasani rissen jedoch nicht ab. 1918 wollte Sarrasani im Berliner Busch-Bau mit seinem Manegenstück »Torpedo los!« gastieren, doch die Baubehörden verlangten dafür bestimmte baulich-feuerpolizeiliche Umbauten. Dazu war Paul Busch nicht bereit: »Ferner gab Prof. Uhl die Erklärung ab, daß Kommissionsrat Busch keinen Wert auf die Aufführung des Stücks ›Torpedo los‹ in seinem Zirkus lege, und daß er den mit Stosch-Sarrasani geschlossenen Pachtvertrag – wozu letzterer ihn ermächtige – als hinfällig behandeln werde, wenn ihm, Busch, durch die Zulassungsbedingungen unmittelbar oder mittelbar lästige und schärfere Auflagen als bei den lediglich zirzensischen Vorstellungen zugemutet würden.«[5]

Programmheft zur Pantomime »Michel«, 1915

Als sich 1915 durch das Verbot von »Europa in Flammen« die Verpachtung an Sarrasani zerschlagen hatte, entschloß sich Paul Busch, seine Bauten wieder selbst zu bespielen. Paula Busch dazu in »Spiel meines Lebens«: »Als das Geläut der Siegesglocken seltener erscholl, als in der Heimat zu den freiwilligen Einschränkungen die amtlich verordneten kamen, als die Pächter des Circus Busch keine besonders guten Programme zeigten, da trat der Alte aus dem Grunewald wieder hervor. Und ich trat neben ihn – vorbehaltlos, allen Privatinteressen entsagend, nunmehr mit Haut und Haaren dem Circus Busch verschrieben.«[6]

Am 18. September 1915 wurde der Berliner Circus Busch wiedereröffnet. Im Programm waren u.a. der berühmte armlose Universal-Artist Carl Hermann Unthan, der Kraftakrobat Sidi, die Grix-Grigory-Truppe mit Ikarischen Spielen, das Direktorenehepaar Corty-Althoff mit Freiheitsdressuren. Die Gagen waren im Krieg gesunken, dadurch war es möglich, geringere Summen als zuvor zu zahlen, so daß die Programme trotz mancher Einschränkungen, z. B. durch Einberufungen von Artisten, durchaus gut besetzt waren. Auch im Varieté gab es nach zahlreichen Schließungen zu Kriegsbeginn wieder einen Aufschwung. »Als die Spezialitätenbühnen zur Jahreswende 1914/15 wieder im breiten Umfang ihren Betrieb aufnahmen, entsprach gerade die Unterhaltung den Bedürfnissen der Bevölkerung. Auch ökonomisch konnten die Direktoren freier schalten als zuvor, denn sie stellten die im August entlassenen Künstler nicht mehr zu den Gagen ein, die sie im Frieden noch gezahlt hatten. Eine sogenannte Kriegs- und Prozentualgage, die zumeist erheblich unter der sonst gezahlten Höhe lag, wurde üblich. Die vom Präsidenten der IAL (Internationale Artistenloge – d.Verf.) veröffentlichten Beträge lagen bei rund einem Drittel der Friedensgagen.«[7]

Der armlose Artist Carl Hermann Unthan

Paula Busch wurde von ihrem Vater als Pantomimenmeisterin eingesetzt, und schon am 2. Oktober kam ein neues Manegenstück, von ihr selbst verfaßt, zur Aufführung. Burkhardt-Foottit hatte den Zirkus verlassen und war zu Sarrasani gewechselt. Mit »Michel« griff Paula Busch das Kriegsthema auf – noch mit Hurrapatriotismus wie so viele ihrer auch sehr bedeutenden Zeitgenossen (erinnert sei etwa an Thomas Manns »Betrachtungen eines Unpolitischen«). »... eine sinnbildliche Darstellung des von Neidern und Feinden umgebenen Deutschtums. Aus seiner friedlichen Ruhe erwacht schließlich Germania und weiß sich seiner Neider und Feinde kraftvoll zu erwehren. Paula Busch hat die Fabel erdacht, die in ihrem 1. Akt Michels Haus und Hof, im 2. Akt ein Erntedankfest und im 3. Akt Michel, den deutschen Riesen, schildert.«[8] Im Textbuch heißt es am Ende: »Nicht mehr der Bauer Michel steht vor uns da, sondern der riesigste Feldgraue, den wir je erblickt haben. Drohend erhebt er das Riesenschwert, das Germania ihm verliehen, und zu seinen Füßen liegen all die, die ihn noch kurz zuvor beleidigt und seinem Hause Schande und Kummer bereitet haben.« Die Naivität der Fabel erscheint heute erstaunlich, aber offensichtlich kam das patriotische Thema und seine zirkusgemäße Umsetzung im zweiten Kriegsjahr gut an.

Mit dem Weihnachtsspiel »Ein Wintermärchen« und dem Märchenspiel »Die Geierprinzessin«, mit »Ostern«, der phantastischen Pantomime

Die Dompteuse Tilly Bébé gehörte zu Paula Buschs Vorbildern

»Mondfahrt«, dem Märchen »Beim Weihnachtsmann«, »Die 3 Pierrots« und der Wieland-Märchenoper-Adaption »Oberon« (alle von Paula Busch) bespielte Circus Busch in den nächsten Jahren seine Häuser in Berlin, Hamburg und Breslau. In der Regel kamen die Manegenstücke im Herbst in Berlin heraus, wurden im Frühjahr in Breslau und im Sommer in Hamburg gespielt. Noch waren es Pantomimen, nur einige wenige Texte erläuterten den Fortgang der Handlung. Besonderen Erfolg hatte die Vineta-Legende »Die versunkene Stadt«, die im Februar 1917 uraufgeführt wurde. In ihr zeigte sich wohl am deutlichsten, was Paula Busch als Zielsetzung ihrer Arbeit in den Kriegsjahren ansah: »... ein paar Stunden Freude, Wärme und Licht ins Jammergrau der Kriegstage zu bringen ... Zur nervenberuhigenden Traumwiese soll die Manege werden, ein Buen Retiro für die müden, alleingelassenen Frauen, für die verwundeten Soldaten und Urlauber, für die Kinder ... Von einer psychologisch richtigen Betreuung der ›Heimatfront‹ hatte man damals in den Generalskommandos keinen blassen Schimmer ...«[9]

Es mußten schon kleine Wunder herhalten, um die Stimmung der kriegsmüden Landser und Soldatenfrauen ein wenig zu heben, und die bot das Manegenschaustück »Die versunkene Stadt«. »Das Programm verkündete: ›In einem Sturzwasserfall versinkt die Stadt Vineta mit allen Menschen. Die Wassernixe Elna wirft ihr Herz in die Flut und bewirkt dadurch das Wiederauftauchen der Stadt. Alle Bewohner und alles Getier entsteigen

Kundgebung zur Zeichnung der 6. Kriegsanleihen im Circus Busch, um 1917

Artistenauftritt an der Front im Ersten Weltkrieg

trockenen Fußes der Tiefe des Wassers.‹ So geschah es tatsächlich Abend für Abend: 30000 Liter Spreewasser stürzten aus der Zirkuskuppel auf das sündige Vineta, und 50 Menschen mit 27 Tieren gurgelten dreieinhalb Meter hinab in die Wassermanege. Sechs Minuten dauerte das Unwetter. Als dann die Scheinwerfersonnen wieder durchbrachen und die Sünder von Vineta mit frischgewaschenen Seelen und sogar im Sonntagsstaat aus ihren triefenden Häusern traten, waren auch die mißmutigsten Urlaubslandser baff. Und die Frauen gingen nach Haus in der stillen Hoffnung, daß doch noch alles gut werden, daß auch der verfluchte Krieg durch irgendein Wunder zu Ende gehen könnte. Unser ›Wunder‹ bestand in komplizierten Taucherglocken, die wir in jedes Fischerhaus eingebaut hatten und während des ›Untergangs‹ mit Atemluft versorgten. Es gehörte für die Mitwirkenden natürlich einiger Mumm dazu, sich diesen eisernen Grabkammern anzuvertrauen, in Gemeinschaft mit Zirkuskatzen, mit Ziegen und Schweinchen.«[10]

1917 wurde Paula Busch zur Mitdirektorin und Mitinhaberin ernannt, 1918 wurde der Circus Busch als Circus Busch-Berlin GmbH ins Handelsregister eingetragen. Neben den Pantomimen, die die Direktorin verfaßte und inszenierte – unterstützt vor allem durch Ballettmeister Riegel –, schrieb sie auch weiterhin Romane und Stücke. 1914 war »Die Hohe Schule« erschienen, dessen Dramatisierung im Oktober 1915 Premiere im Berliner Luisentheater hatte. Im gleichen Jahr hatte Paula Busch im Selbstverlag die

Komödie »Hausgeister« herausgegeben, deren Aufführung 1916 (unter dem Titel »Dienstboten«) von der Zensur verboten wurde. 1918 wurde ihr Stück »Akrobaten« von den Norddeutschen Filmwerken Hamburg verfilmt. 1923 folgte die Verfilmung des Romans »Einer vom Zirkus« unter dem Titel »Dämon Zirkus« durch die Björnstad-Justiz-Film Berlin, in einer Hauptrolle Eduard von Winterstein.

Am 11. November 1918 endete der Erste Weltkrieg mit dem Waffenstillstand von Compiègne, Deutschland war geschlagen, der Kaiser dankte ab. Im November 1918 war der Circus Busch Versammlungsort des Arbeiter- und Soldatenrates, natürlich ohne Zustimmung des Hausherrn. In den Novembertagen sprachen hier Karl Liebknecht, Rosa Luxemburg und andere. Paul Busch, der streng monarchistische Kommissionsrat, der seine Treue zum Kaiserreich durch »Spenden« an die Goldablieferungsstelle und den Kauf von Kriegsanleihen dokumentierte, war fassungslos: »Mein Zirkus ist ein Revolutionstribunal!«

Weltwirtschaftskrise und Inflation in den zwanziger Jahren setzten dem Zirkus hart zu. Zeitweise mußte eine »Haferwährung« eingeführt werden: Eintrittskarten wurden für die Ablieferung von Futtermitteln abgegeben.

Programmheft von 1923

Eine Neueinführung: Aus der Zeit geboren:

Haferwährung!

im Circus Busch.

CIRCUS BUSCH

Eigene Circus-Gebäude: BERLIN • HAMBURG • BRESLAU

SPIELPLAN

1. **2 Hallons,** equilibristische Fangspiele.
2. Musikalische Schnurpfeifereien, **Clown Serra & Hilde**
3. **Ponnies und reitende Hunde,** Herr **Steffin**
4. **Käte Wermke,** der weibliche Achill.
5. **3 Flauberts,** „die preisgekrönten Meisterschützen".
6. a) **„Die weisse Dame"** geritten von der berühmten Schulreiterin **MARTA MOHNKE** auf „LIEBLING"
   b) SERPENTIN ZU PFERDE.
7. **ELWINO** der geheimnisvolle Wunder-Yoghi **LEBENDIG BEGRABEN**

Die Direktion des Circus Busch hat sich entschlossen, gegen Ablieferung von Hafer Eintrittskarten zu verabfolgen.
Wir bieten bis auf Widerruf:
Für je 15 Pfund Hafer einen Logenplatz
Für je 10 Pfund Hafer einen Platz I. Parkett oder Logentribüne
Für je 5 Pfund Hafer einen anderen Sitzplatz

Die Direktion des Circus Busch hat sich entschlossen, gegen Ablieferung von Hafer Eintrittskarten zu verabfolgen.

Wir bieten bis auf Widerruf:

Für je 15 Pfund Hafer einen Logenplatz
Für je 10 Pfund Hafer einen Platz I. Parkett oder Logentribüne
Für je 5 Pfund Hafer einen anderen Sitzplatz.

Besuchen Sie das vollständig neu renovierte Circus-Restaurant! Kaltes Buffett! Erstklassige Getränke!

10 Minuten Pause.

8. **„Ut de Franzosentid"**

Ein lustig Spiel aus ernsten Tagen nach **FRITZ REUTER.**
Für die Manege des Circus Busch bearbeitet von **Adolf Steinmann.**
Dirigent: Kapellmeister **Richter.**

Vorspiel: Fritz Reuter im Himmel
1. Bild: **Slimme Tiden**
2. Bild: **Die Franzosen kommen**
3. Bild: **Der Spuk im Amtshaus**
4. Bild: **Suur Swienfleesch**
5. Bild: **Im Stavenhagener Gehölze**
6. Bild: **Da geht ein Mühlenrad**

Im sechsten Bilde: **Reiters Morgenlied,** gesungen von **Heinrich Bötel**

7. Bild: **Der Mecklenburger Landsturm kommt**

Eine Neueinführung: Aus der Zeit geboren:
Haferwährung!
im Circus Busch.

Der Wiener Bau, bereits 1912 in das »Busch-Varieté« umgewandelt, wurde 1920 verkauft und zu einem Kino umgebaut. Es eröffnete am 30. April des gleichen Jahres mit dem Varietéfilm »Alkohol«. In die Offene Handelsgesellschaft der Circus-Busch-Betriebe wurden 1920 als Gesellschafter Paula Busch und Max-Otto Friedländer aufgenommen; Friedländer schied 1925 wieder aus. Max-Otto Friedländer war der Sohn von Adolph Friedländer, der 1872 in Hamburg mit dem Druck von Reklameplakaten für Schausteller und Artisten begonnen hatte und dessen Firma in der Folgezeit die wohl berühmteste Plakatdruckerei für diese Genres wurde. Carl Hagenbeck und Paul Busch gehörten zu seinen besten Kunden, mit ihnen verbanden Adolph Friedländer auch freundschaftliche Beziehungen. Nach seinem Tod übernahmen die Söhne Ludwig und Max-Otto die Firma und führten sie bis zu ihrer Schließung 1935 infolge der rassistischen Verfolgung durch die Nazis. Vor allem Max-Otto Friedländer hatte eine enge Beziehung zum Zirkus. Er überließ 1920 die »Buchdruckerei und Lithographische Kunstanstalt« dem Bruder und widmete sich ganz dem Zirkus. In Hamburg betrieb er das Varieté Flora, war kurze Zeit auch Direktor des Hamburger Busch-Baus und führte eigenständig das Gastspiel des Circus Busch in Scheveningen. 1926 stellte er den Circus Maxo zusammen. Als Artisten-Impresario arbeitete er u.a. für Therese Renz. Während der Naziherrschaft war Friedländer zeitweilig in einem KZ interniert, später gelang ihm die Emigration nach Schweden. Zu Paula Busch pflegte er über all die Jahre hinweg freundschaftliche Beziehungen. Bei der Entnazifizierung 1946 konnte Max-Otto Friedländer sie maßgeblich entlasten. Gemeinsam mit Friedländer hatte Paula Busch 1919 in einer Schaubude auf dem Bremer Freimarkt den Kraftartisten Sigmund Breitbart entdeckt, den sie in ihrem Zirkus groß herausbrachte und der zu einer Weltberühmtheit wurde. Auch mit Breitbart, wie Friedländer Jude, verband Paula Busch eine enge Freundschaft.

Der Kraftakrobat Sigmund Breitbart

Manegenschauspiele

Unbeirrt von den Wirren der Zeit entführten die Manegenstücke im Circus Busch in den zwanziger Jahren in Traumwelten, in die Historie und die Phantasie. 1919 übernahm Paula Busch erstmals selbst eine Hauptrolle. »Aphrodite« war noch eine reine Pantomime, eine kuriose Mischung aus griechischer Sage, Faust-Mythos und Karnevalstreiben. Auch im nächsten Manegenschaustück »Die Schlange der Durgha« trat die Verfasserin als Hauptdarstellerin auf: als »Schlangentänzerin Amara mit lebenden Riesenschlangen«. Dies war der Beginn einer Reihe von Auftritten mit Tieren, die Paula Busch – trotz mancher Zwischenfälle, sie wurde zum Beispiel von einer Schlange gebissen und von einer Bärin verletzt – besonders schätzte, denn zu ihren hervorstechenden Charaktereigenschaften zählte die Tierliebe. Sie kämpfte leidenschaftlich für die Rechte der Tiere, eine zu ihrer Zeit noch ungewöhnliche Haltung, denn Tierschutzbestrebungen waren damals die Ausnahme. Sie hielt selbst immer eine ganze Reihe von teilweise recht ungewöhnlichen Haustieren, und ihre Tiergeschichten gehören zum Besten, was sie geschrieben hat.

Minna Schulze, die »Wasserminna«, um 1948

Neben technischen Effekten, der Nutzung der Wassermanege und dem Einsatz einer großen Anzahl von Statisten und Ballettmädchen war die Mitwirkung von Tieren aller Art ein Kennzeichen und die Besonderheit der Zirkuspantomimen, die sie von anderen Inszenierungen in Revue und Theater unterschied. In Paula Buschs Roman »Wasserminna«, der (in Ich-Form und reinstem »Panke-Berlinerisch« geschrieben) das Leben der Berliner Artistin und Kunstschwimmerin Minna Schulze erzählt, wird neben vielen anderen Episoden aus dem Circus Busch auch die nicht ungefährliche Arbeit mit Tieren in diesen Pantomimen geschildert:

»Nachtprobe mit Bär'n. Wir steh'n oben uff de zweete Biehne. De Bär'n sinn oben links in'n Stall einjesperrt, der direkt uff de Bahn mindet. Een Bereiter hat imma 'n Bär an de Leine un rutscht vorne wech. Hinterher drei Schwimma un eene Schwimmerin. Wir Schwimma kommen von rechts, damit wa de Bären nich direkt in de Pranken loofen. Wenn wa unten sin, kommt'n Klingelzeichen, det heeßt imma: ›Laßt 'n neuen Bären los!‹ Wa haben Stücka zehn! Un denn unten det Jekrabble mit de Bären im Wassa! Se hab'n ja 'n Maulkorb um, aber wenn se mit de Pfötchen eene langen, hat er ooch nischt zu lachen. De Platte (der Boden der Wassermanege – d.Verf.) is nich janz runta. De Bären un wia könn'n noch drinne steh'n un loofen. Zum

Paula Busch 1921 in »Die Schlange der Durgha«

Jlick steh'n ooch noch so kleene bunte Häuschen in de Manege, wo wa ruffkrabbeln könn' un uns retten. Un denn missen wa Hilfe schrei'n un janz furchtbar anjeben ... Un denn, wenn wa alle uff de Dächer sin un de Bär'n uff de Seite steh'n un hochklettern woll'n, schlägt der Blitz in in een mindestens acht Meter hohen Boom, der umkippt. In de Äste von den Boom hocke ick! ... (Bei der Premiere) kracht ma der Wassastrahl, wat eene uffjebrochene Schleuse vorstellen soll, in't Kreuz, det 'ck hochjehob'n wer' un beinah aus de Bahn beim Rutschen rausfliej'n tu un nich mehr weeß, wie 'ck unten lande. Noch janz dußlich vasuch'ck uff's Häuschen ruffzukrabbeln, da packt ma 'n Bär an de Schulta, reißt ma de Klamotten vom Leib un umklammat nu mein Been un jnautscht dran rum mit de Schnauze, wo der Maulkorb vaschoben is ... Wie 'ck endlich von den Bären losjekomm'n bin, weeß 'ck wirklich nich mehr ... Mein bildscheener Schenkel war jut bearbeit'.«[11]

Die Wasserminna war als junges Mädchen als Schwimmerin zum Circus Busch gekommen und wurde bald durch ihre Kaltblütigkeit bei vielen gefährlichen Tricks bekannt. Sie stammte aus ärmlichen Verhältnissen, und auch bei Busch erwarb sie trotz ihres Wagemuts und Einsatzes keine Reichtümer; die Entlohnung für die Ballettmitglieder, Schwimmer und Komparsen blieb immer sehr bescheiden. Aber Minna errang Ruhm als Artistin und Berliner Original, ihr Motto war: »Lebe gefährlich und trinke een Schlückchen zwischendurch!« Nach ihrer artistischen Karriere im Circus Busch lebte sie bis zu ihrem Tod im Haushalt von Paula Busch.

Georg Burckhardt-Foottit (links), Schulreiter und langjähriger Geschäftsführer bei Busch, und Adolf Steinmann (Mitte), Autor vieler großer Manegenschaustücke

In Adolf Steinmann hatte Paula Busch nach dem Ersten Weltkrieg einen Autor gefunden, der sie in ihrer Arbeit unterstützte und entlastete. Steinmann, von Hause aus Theatermann, hatte bei Sarrasani in Dresden das (in Berlin verbotene) Erfolgsstück »Europa in Flammen« herausgebracht, bei Busch war sein erstes nachweisbares Stück »Störtebeker«, das am 1. November 1921 in Hamburg Premiere hatte. Diese Pantomime ist auch ein Beispiel dafür, wie der Zirkus auf Zeitereignisse reagierte, Themen aufgriff, die auf irgendeine Weise ins Gespräch gekommen waren. Bei dem Stück um den legendären Seeräuber und Anführer der Likedeeler war das auslösende Moment der angebliche Fund des Störtebeker-Schatzes durch einen Archivar des Kreises Hadeln. Schon kurze Zeit nach dieser Meldung konnten die Hamburger ihren Seeräuber-Helden in der Zirkusmanege bewundern, dargestellt übrigens von einem ihrer Lieblingsschauspieler des Deutschen Schauspielhauses, Konrad Gebhardt.

Die Historie bot für das Manegenschaustück viele dankbare Vorlagen. 1923 brachte Paula Busch beispielsweise mit »1806. Bilder aus Preussens tiefster Not« ein Stück um Königin Luise und die Kämpfe gegen Napoleon heraus. Bis zu dieser Zeit hatte Circus Busch noch weitgehend an der traditionellen Form der Ausstattungspantomime festgehalten und nur durch sparsame Texte die Handlung erläutert. Bei Paula Buschs Erstling »Armin« wies die Besprechung in der Fachzeitschrift »Der Artist« darauf hin, daß nicht nur »... das patriotische Gefühl im Herzen der Zuschauer geweckt wird. Gefördert wird das Verständnis der Darstellung durch eine sehr willkommene Neuerung, nämlich durch den Umstand, dass die Mimik durch das gesprochene Wort ergänzt wird. Allerdings beschränkt sich dieses gesprochene Wort auf ein melodramatisches Element. Aber es stellt doch eine glückliche Verbindung zwischen der pulsierenden Handlung und dem Zuschauerraum dar.«[12]

Nun ist nicht nur die Zirkuspantomime, das Manegenschauspiel so alt wie der Zirkus selbst, es hat auch immer wieder das gesprochene Wort in der Manege gegeben – von kurzen Textstellen, die den Gang der Handlung verdeutlichen sollten, bis zu regelrechten Dialogstücken, wogegen sich oft die

Schwimmerinnen und Komparsen im Berliner Circus Busch, 1925

Programmheft zur Pantomime »Persien«, 1899

regulären Theater verwahrten, so daß es zu erbitterten, auch gerichtlichen Auseinandersetzungen kam. Vor allem in Frankreich, das zu Beginn des 19. Jahrhunderts im Zirkus die Führung innehatte (die sogenannte Romanische Schule, die erst durch Renz in Berlin abgelöst wurde), waren historische Militärmimodramen – beispielsweise um Napoleon – sehr beliebt: »... (sie) hatten kolossale Publikumswirkung, da sie geradezu raffiniert die Möglichkeiten des Zirkus mit denen des Theaters vereinten, eindrucksvolle Massenszenen mit Mensch und Tier arrangierten und kaum einen möglichen Schaueffekt ausließen. Der echte Zirkus jedoch wurde immer mehr in den Hintergrund gedrängt.«[13] Dieser Weg führte dann geradewegs zum reinen Theater, in das der Pariser Olympische Theaterzirkus 1844 folgerichtig umgewandelt wurde. Selbst der »klassische« Zirkus von Renz entwickelte sich gegen sein Ende hin zum Theaterzirkus, seine »Lustigen Blätter« von 1896 waren die erste Zirkus-Revue. Doch auch bei Renz hatte es schon immer Pantomimen gegeben. 1878 wurden beispielsweise an drei Tagen drei verschiedene Stücke geboten: »Julius Cäsar's Einzug in Rom«, »Ein Carneval auf dem Eise« und »Chinesisches Fest«. Und ein Programmheft des Wiener Circus Renz vom 6. Mai 1880 kündigte für die Nachmittagsvorstellung an: »Die Nibelungen. Grosses Ausstattungstück in 3 Abtheilungen und 3 lebenden Bildern, nebst Apotheose«, für die Abendvorstellung »Napoli oder Salvator Rosa und die Banditenfürstin. Grosse equestrische Pantomime« und für den folgenden Tag die Erstaufführung von »Robert und Bertrand. Grosse Pantomime mit Tanzeinlagen«. Im Königlichen Zirkus Eduard Wulff in Brüssel wurde 1904 die Operette »Bruxelles, tout le monde ... monte ...« aufgeführt.

Von den Freunden des »echten« Zirkus wurde diese Entwicklung immer beklagt. 1913 schrieb der Zirkusfachmann Viktor Happrich in »Der Artist«: »So schwankt jetzt das Programm zwischen Varieté, ehemaliger Arena und Circus bzw. Theater. Die Pantomime nämlich hat sich an das

Theater angelehnt, und an die Stelle der prächtigen alten Pantomime, die doch immerhin ein hochinteressantes Moment im Circusbetrieb ausmachte, da seinerzeit wenigstens auch in ihr Sattel und Pferd zur Geltung kamen, sind heute Schauspiele getreten, komponiert von Meistern des Ueberbrettls sogar, in denen nicht ein Pferdehuf die Manege berührt und grosse und kleine Schauspieler das Wort führen. Vom Standpunkt des alten Circusfreundes ist das natürlich zu bedauern, aber der neue seltsame Geschmack der Menge und die Unmöglichkeit, richtige erstklassige Circusakte in gebührender Anzahl engagieren zu können, da sie nur noch in wenigen Exemplaren existieren, zwingt die Direktoren, ihr Programm so zu modernisieren.«[14]

Die Theatralisierung war jedoch immer nur eine Variante des Manegenschauspiels, daneben gab es weiterhin Zirkuspantomimen, die sich vorwiegend auf Massenszenen, Ballette, üppige Ausstattung, technische Effekte und vor allem die Mitwirkung von Tieren stützten. Auch Sarrasani setzte, nicht ohne Erfolg, in den Kriegsjahren auf diese Art Theater in der Manege, später gab es bei ihm sogar Revuen und Operetten, aber sie bestimmten, ebenso wie bei zahlreichen anderen Zirkussen, die mehr oder weniger regelmäßig in ihren Programmen auch Manegeschaustücke zeigten, nie das Bild dieses Unternehmens.

Im Circus Busch hielten Dialoge erst relativ spät Einzug. Der Zirkus war bekannt für große Manegenschauspiele, die fast in jeder Vorstellung nach dem artistischen Nummernteil die zweite Programmhälfte bildeten. Aus den erhalten gebliebenen Pantomimenbüchern des Circus Busch läßt sich ablesen, daß die Entwicklung hin zum Schauspiel in der Manege um 1923 mit Paula Buschs »Der Blumen Rache« einsetzte, hier lag ein Dialogtext nach Freiligraths phantastischer Ballade vor – allerdings noch recht bescheiden. In der folgenden Inszenierung von »Carmen« war der Dialoganteil größer, und Paula Busch wurde als »vortreffliche Sprecherin« gerühmt. »Dem Manegeschaustück gebricht es natürlich nicht an den erstaunlichsten Effekten. Abgesehen von der eigentlichen dramatischen Handlung mit ihren imposanten Aufzügen erlebt man einen Wasserakt, bei dem eine Postkutsche aus großer

Ankündigung des Manegenschaustücks »Tarzan«, 1933

Höhe in die Fluten rollt und mächtige Wasserstürze sich aus der Kuppel des Hauses in die Tiefe ergießen.«[15]

Schon 1922 hatte Paul Busch in einem Schreiben an den Polizeipräsidenten festgestellt: »In den letzten Jahren und namentlich durch die Kriegs- und Nachkriegszeit ist eine Umstellung des früheren alten Circusspielplans zur Notwendigkeit geworden, da man in unseren Manegeschaustücken an Stelle der früheren riesigen technischen und dekorativen Effekte infolge Fehlens von Asbest, dem gesprochenen Wort eine grössere Bedeutung einräumen musste. Das Publikum interessierte sich nicht mehr für die alten rein pantomimistischen Darstellungen, sondern das in unseren Manegeschaustücken neu aufgenommene gesprochene Wort gewann mehr und mehr und ist für das Publikum zur Verständlichmachung direkt ein Bedürfnis geworden.«[16]

Adolf Steinmanns »Fridericus, der Philosoph von Sanssouci«, ebenfalls 1924 aufgeführt, war nun ein reines Schauspiel, das Textbuch umfaßte 62 Seiten. Auf solcherart Theater folgten aber wieder Manegenschaustücke, die sich stärker auf die Mittel des Zirkus besannen. Paula Busch verstand es, in ihren Stücken und Inszenierungen immer wieder mit einer ausgewogenen Balance von Theater und Zirkus den eigentümlichen Charakter und Reiz des Manegenspiels zur Wirkung kommen zu lassen. Der Berliner Kritiker Alfred Karrasch schrieb über ihr Stück »Lady Hamilton« (in dem Paula Busch wieder die Hauptrolle verkörperte): »Ein regelmäßig völlig geglücktes Stück. Ein Schaustück, das wohl das Siegesschaustück für den Zirkus Busch werden wird oder schon ist. Ein Spiel, dessen Ouvertüre unter dem Schmettern der Zirkusmusik der feierliche Taktschritt des Schulpferdes ist. Das Klettern der Akrobaten. Der Humor der Clowns. Denn es ist ein Manege-Schaustück. Man tut unrecht, in ihm über Fehler und Schwächen zu lächeln, die in ihm gar keine Fehler und Schwächen sind. Denn es ist nicht Kabarett, nicht Varieté. Es würde straucheln, wollte es einmal die Ehrgeize einer Bühne haben. Es ist eine Gattung für sich, für sich ein in seiner Art schon künstlerischer Komplex, es ist eine Einheit für sich, in die man aus Theater oder Kabarett nichts hinzutun, keine Wertung hineintragen darf; es ist ein Manege-Schaustück ... So einfach muß der Strom seiner Handlung laufen. Die Helden und Charaktere müssen so primitiv sein. Entweder Engel oder Halunken, entweder Feiglinge oder strahlende Helden, entweder clownhafte Troddel oder Weise. Es braucht seine Balletts, es braucht die halsbrecherischen Aufzüge, oft von Wagen, die über Klippen ins Wasser stürzen. Oft von

Paula Busch als Lady Hamilton,
1925

Elefanten, die Akteure im Zuge sind. Es braucht das, und das flackernde Licht, das frei, unverdeckt, zwischen dem Gestänge des Zirkusbaues, unter den Händen des hantierenden Personals, das man sieht, aus den Scheinwerfern hervorquillt. Es braucht das alles, denn es ist ein Stück seiner Seele. Es braucht den Dilletantismus von Akteuren, die Naivität einzelner Masken, die aufgeklebten Schnurrbärte, diese dicken Bäuche, diese scheinbar so falschen Töne, denn sie sind ein Teil seines Zaubers.«[17]

Textheft zu »Ben Hur«, 1927

Die Manegenspiele des Circus Busch der nächsten Jahre wechselten zwischen Schauspielen wie »Ben Hur« und »Quo vadis« und stärker auf Ausstattungsstücke orientierten Inszenierungen wie »Unter Gorillas« oder der Jules-Verne-Adaption »Vicky wettet um die Welt«, die in 16 Bildern um die Welt führte. Der »Berliner Börsen Courier« berichtete über »Vicky«: »... Dann wurde die Brücke von der Zirkuskuppel in eine afrikanische Schlucht hinabgelassen, dort plätscherte aus zwei Rohren ein Bach und Paula Busch lauerte dort auf Löwen. Bevor sie kamen, erschienen erst ›Mensch‹-Affen – richtige Schimpansen auf der Brücke; sie wurden von Beduinen verscheucht. Hinterher tanzten abessinische Girls auf der Brücke. Dann ließ sich eine kluge Löwin in einem Netz fangen; als sie im Käfig abtransportiert werden sollte und die Falltür nicht aufging, wurde das Tier im Premierenfieber nervös und half mit der Pfote nach, so daß auch dieses Bild klappte. Aber die Fortsetzung sah sehr gefährlich aus. In der Schlucht erschienen plötzlich vier beinahe ausgewachsene Löwen des Löwenbezwingers George Merck – und es nahte sich das Auto mit Paula Busch der Brücke, in die heimtückische Eingeborene ein Lücke hackten. – Als der 100-PS-Buschwagen darüber rollte, barst eine Sperrholzplatte und das Auto sauste zu den hungrigen Löwen in die Tiefe. – ›Hier ist der Eingang zum Erfrischungsraum! Dort ist das Rauchen polizeilich gestattet!‹ 15 Minuten Pause. Riesenapplaus! (Ein begeisterter Galeriebesucher wirft unter dem Ausruf ›Panem et circenses!‹ eine Stulle den Löwen zu, große Heiterkeit.)«[18]

Paula Busch sah im Manegenschaustück durchaus eine pädagogische Aufgabe, sie wollte dem Zirkuspublikum, das ja in seiner ganzen Breite und Vielschichtigkeit nicht unbedingt auch ein Theaterpublikum war oder sich der Lektüre klassischer Stoffe widmete, Themen der klassischen Literatur und der Historie auf leicht faßbare Weise nahebringen. In einem Aufsatz über die Pantomime schrieb sie: »Und warum waren diese Schöpfungen so wertvoll? Weil sich in ihnen eine logische, dem Volkswesen nahe Handlung, ausgeführt von erlesenen Mimen, wie ein roter Faden hindurchzog, um die sich sinnfällige Effekte, unwahrscheinliche equestrische und artistische Leistungen und ein klassisches Ballett gruppierten ... Eine sorgfältige Begleitmusik untermalte die Gesten der Mimen, daß eine solche Pantomime ein künstlerisches Ereignis wurde ... Es gab keine technische Errungenschaft, die nicht, soweit das möglich war, auch dem Circus dienstbar gemacht wurde ... Ja, mit der rein kostümlichen Prachtausstattung solcher Schaustücke war es nicht mehr getan, wenn auch die Kostüme für die 300 bis 400 Darsteller und Komparsen über 150000 Goldmark kosteten und die Dekorationen nicht billiger waren. Technische Effekte mußten eingebaut werden, die das Publikum in Erstaunen versetzten.«[19] Und in ihrem Buch »Spiel meines Lebens« heißt es: »Aktuell sein, lieber Freund! Unser Publikum will große oder kleine Weltgeschichte im Zirkusspiel erleben! Neuruppiner Bilderbogen! Aber in Großformat und sozusagen mit Beene! Und mit Musik! Und neben dem Amüsement und der Sensationslust wollen die Leute auch ihren Wissensdurst befriedigen. Vergessen wir das doch nicht, lieber Doktor! Je stumpfsinniger Maschinenarbeit ihre Tage ausfüllt, desto mehr wollen sie am Abend ihren Geist mit neuen Eindrücken, mit neuen Kenntnissen von der großen Welt nähren! Überall gibt's jetzt starkbesuchte Volksbibliotheken, Arbeiter-Bildungsvereine, Debattierklubs! Und darum können wir nicht sorgfältig genug unsre Vorarbeiten erledigen, um wirklich echt zu sein: in der Szenerie, in den Kostümen, in der Charakteristik der handelnden oder fremdländischen Personen!«[20]

Der Syndikus des Deutschen Bühnenvereins, Geheimrat Dr. Felisch, rühmte 1922 die schauspielerischen Qualitäten, die hervorragende Bühnentechnik, die prachtvollen Kostüme und die kulturhistorische Treue der Pantomimen im Circus Busch: »Niemals endet das Ganze in einen Varietébetrieb aus. Vielmehr wird mit sittlichem Ernste eine Kräftigung des Volksempfindens, in Sonderkeit der Jugend, und eine gesunde Volkserziehung angestrebt; Gebräuche und Sitten unserer Vorfahren und fremder Völkerschaften gewinnen lebendige Gestalt ... Grade dem Bildungsbedürfnisse unserer Tage entspricht Derartiges ganz besonders ... Der Circus Busch hat einen neuen Typus künstlerischer Veranstaltungen geschaffen, deren Wesen deshalb mit einer gewissen Notwendigkeit verkannt wurde, weil sie sehr wenige ihres Gleichen haben.«[21] Und zwei Jahre später: »... daß dieser Zirkus eine wahre Voksbildungsstätte ist. Was die Stellung des Circus Busch zu den Theatern anbelangt, so ist er diesen darin gleichgestellt, daß er dieselbe Konzession aus §§ 32 und 33a der Gewerbeordnung besitzt und die ihn darin in seiner Bedeutung als Volksbildungsstätte gleichstellt.«[22]

Busch in der Krise

Die wirtschaftliche Lage des Circus Busch war in den zwanziger Jahren sehr angespannt, Ersuchen an die Preußische Bau- und Finanzdirektion um Herabsetzung der Miete für den Berliner Bau (1925 betrug die jährliche Miete 24 000 RM) sind ein Beleg dafür. Die Behörde zeigte zwar Verständnis für die Schwierigkeiten des Unternehmens, war aber nicht bereit, weiteren Reduzierungen zuzustimmen. Oberfinanzrat Remak am 12. März 1926 in einem Schreiben an den preußischen Finanzminister:

»Es soll nicht verkannt werden, daß das mit seinen rund 3 000 Plätzen auf den Massenbesuch breiter Volksschichten angewiesene Unternehmen unter der allgemein ungünstigen Wirtschaftslage und der weiten Verbreitung der Arbeitslosigkeit besonders zu leiden hat. Die Verarmung weiter Kreise der Bevölkerung, die Auflösung der Berliner Garnisonen mit ihren an der Reitkunst besonders interessierten Kavallerieregimentern, die immer noch zunehmende Ausbreitung und Anziehungskraft des Kinos, die weite Verbreitung von Radioanlagen und die Einführung großer Revuen in den verschiedensten Theatern sind auf den Zirkusbesuch gewiß nicht ohne Folgen geblieben. Ob demgegenüber aber die Zirkusleitung alles getan hat, um den Ausfall durch Hebung der Vorstellung wettzumachen, will mir bei aller Anerkennung des Gebotenen dennoch fraglich erscheinen. Die zirzensischen Künste und auch die Manegeschaustücke bewegen sich auch heute noch im Rahmen desjenigen, was vor 20 Jahren beliebt war, heute aber veraltet ist und nicht mehr die nötige Anziehungskraft auf das Publikum ausübt. Es scheint neuerdings geschäftlicher Unternehmungsgeist zur Heranziehung wirklich hervorragender artistischer Kräfte zu fehlen. Auch ließe sich zweifellos im Rahmen des sogenannten Manegeschaustücks in Anlehnung an den von den Revuebühnen ausgebildeten Stil und unter Ausnutzung der besonderen zirzensischen Möglichkeiten Besseres als bisher bieten. Ähnliches gilt auch für die Musik. Durch Herabsetzung der Miete auf jährlich 20000 RM würde m. E. unter Umständen dem Unternehmen das starre Festhalten am Herkömmlichen zu seinem eigenen Schaden erleichtert, und ein weltstädtischen Ansprüchen kaum noch genügendes Unternehmen mittelbar subventioniert«[23]

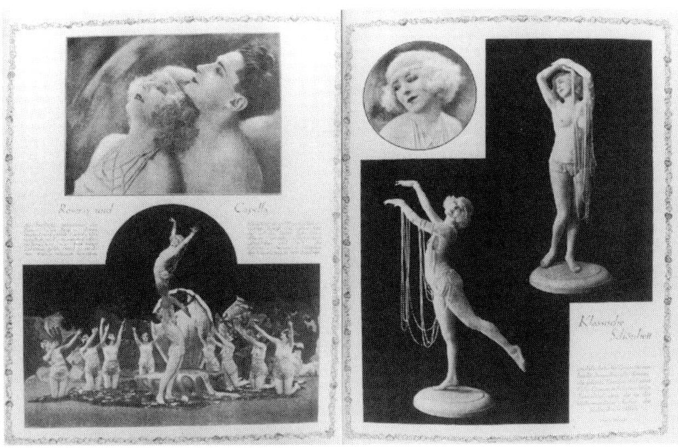

Die Haller-Revue »Noch und Noch« im Berliner Admiralspalast

Plakat, Entwurf Jo Steiner, von 1919

Inwieweit diese sehr kritische Einschätzung den Realitäten entsprach, ist schwer zu beurteilen, Pressestimmen und auch das Echo in den artistischen Fachzeitschriften zeichneten ein anderes Bild. In einem Antwortschreiben räumte Paul Busch allerdings ein, daß Veränderungen erforderlich und vorgesehen seien. Die Krise im Vergnügungsgewerbe, die sich für Zirkus und Varieté ab Mitte der zwanziger Jahre erheblich auswirkte und ihren Höhepunkt mit der Weltwirtschaftskrise 1929/30 fand, hatte sicher verschiedene Ursachen. Das Aufkommen des Rundfunks (1925 nahm in Berlin der erste Rundfunksender seine regelmäßige Sendetätigkeit auf) und des Tonfilms (1928 liefen in den Berliner Kinos die ersten Tonfilme an) gehörten auf jeden Fall dazu. Hinzu kamen das Anwachsen der Arbeitslosigkeit – von 2,9 % vor dem Krieg auf 11,4 % um 1924 – und die niedrigen Einkommen: 1924 betrugen die Durchschnittswochenlöhne 26,50 RM (das amtliche Existenzminimum wurde mit 41,20 M angegeben, 1932 stand einem Durchschnittslohn von 21,75 RM ein Existenzminimum von 39,05 RM entgegen.)[24] – Zum Vergleich: Statisten erhielten beim Circus Busch 1,- RM pro Vorstellung, Schwimmerinnnen 120,- RM monatlich. Die Fachzeitschrift »Das Programm«: »Zwar brachte die Inflationszeit einen wahren Vergnügungstaumel mit sich,

Der Hamburger Busch-Bau als CIVA

den geschäftstüchtige Direktoren auszuwerten wußten; aber er war wie ein letztes Aufflackern, und in letzter Zeit mehrten sich die Anzeichen der Agonie.«[25]

Paula Busch bemühte sich, den veränderten Unterhaltungsbedürfnissen mit Neuerungen Rechnung zu tragen. So wurde 1927 das Hamburger Haus in ein »Circus-Varieté Busch« (CIVA) umgewandelt. Die zwanziger Jahre waren für Paula Busch vor allem als Schriftstellerin eine fruchtbare und erfolgreiche Zeit. Mehrere Romane und Sammlungen von Zirkusgeschichten erschienen, 1926 hatte im Berliner Trianon-Theater ihr Schauspiel »Herbstlied« Premiere.

Am 28. November 1927 starb Direktor Paul Busch. Für Paula Busch brach mit dem Tod des Vaters eine Welt zusammen.

Paula Busch, nunmehr alleinige Inhaberin und Direktorin der Firma Circus Paul Busch (die offene Handelsgesellschaft wurde aufgelöst), kämpfte weiter um den Erhalt des Unternehmens. Die wirtschaftliche Lage besserte sich nicht, die Schwierigkeiten, die Paul Busch in Briefen an die Preußische Bau- und Finanzdirektion wiederholt beschrieben hatte, nahmen zu. In seinem Brief vom 10. Februar 1926 hatte er beklagt: »Ich bestätige den

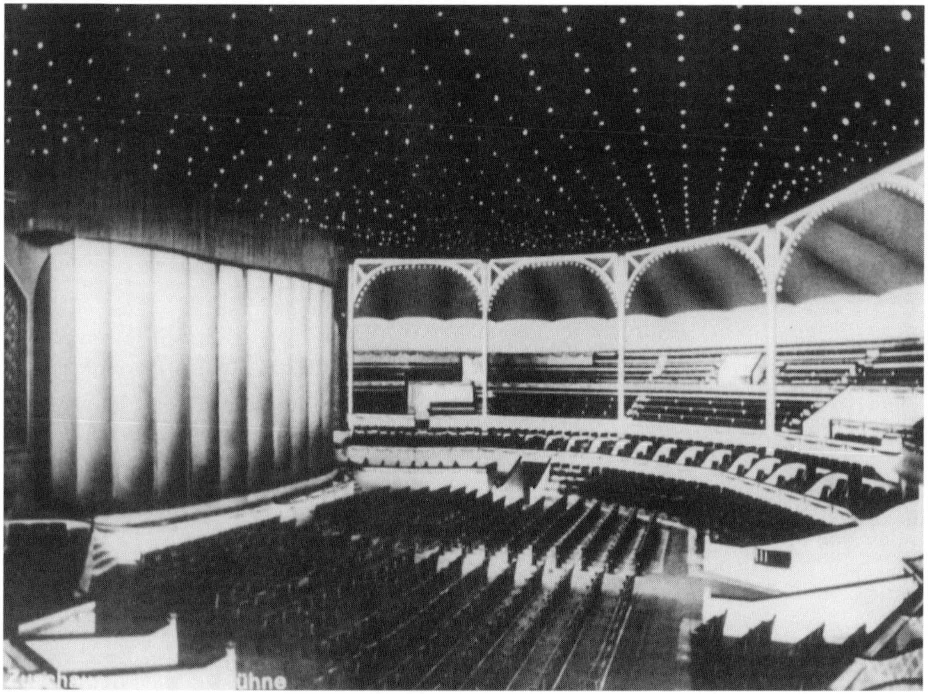

Innenraum des »Circus-Variétés« Busch

Empfang Ihrer geehrten Zeilen vom 15. Januar und 4. Februar betreffend Abgabe eines Mieteangebotes für das Jahr 1926. Die Beantwortung des ersten Schreibens habe ich zunächst zurückgestellt, um noch abzuwarten, ob die ganz besonders mit dem neuen Jahre einsetzende, ungeheure schlechte Geschäftslage sich verbessern würde. – Leider ist dies nicht der Fall. – Trotz der größten Anstrengungen, trotz kostspieliger Engagements von 9 Elefanten, 14 Kamelen, sowie verschiedener anderer exotischer Tiere, wie Zebras, Zebus, Lamas, Guanacos, Wasserbüffel, die alle in dem mit großer Aufmachung an Dekorationen und prachtvollen Kostümen herausgebrachten neuen Manege-Sensationsstück ›Die Gorillabraut‹ mitwirken, in welchem auch ferner alle erdenklichen Circuseffekte zur Entfaltung kommen, und trotz Engagements großer Artistennummern, wie die Eisenkönig Breitbart-Schau, haben sich die Einnahmen leider nicht gebessert. Im Gegenteil sind dieselben nach einer anfänglich kurzen Steigerung heute noch weiter herunter gesunken, trotzdem wir uns die erdenklichste Mühe geben, um Menschenmassen hereinzubekommen. – Wir bearbeiten nicht nur Berlin und Groß-Berlin mit allen möglichen Vorzugs- und Reklamekarten zu halben Preisen, sondern versuchen auch durch persönliche Abmachungen mit Massenorganisationen und

Vereinen zu ganz kleinen Pauschalpreisen von M 1,- und M 1,50, also teilweise kaum ein Drittel unserer ohnehin schon kleinen Kassenpreise, den Besuch unseres Unternehmens zu forcieren. (Unsere Originalkassenpreise betragen von nur 50 Pfg bis M 6,-. für Loge einschl. Lustbarkeitssteuer). Auf diese Kassenpreise geben wir nun noch die großen Vergünstigungen! Jedoch trotz all dieser ›Krampfversuche‹ wird es nicht möglich sein, unser Unternehmen über Wasser zu halten und über die schwere Wirtschaftskrise hinwegzuhelfen, sodaß ich schon dauernd mit der Absicht umgehe, den Betrieb ganz einzustellen, wenn meine Versuche mißlingen sollten. Selbstverständlich werde ich nichts unversucht lassen, um mein mit Berlin und den Berlinern verwachsenes volkstümliches und schließlich auch gemeinnütziges Unternehmen zu erhalten.

Ich erwarte aber auch, daß die Preußische Bau- und Finanzdirektion und das Preußische Finanzministerium diesen Umständen Rechnung tragen wird. Nach dem beinahe diktatorischen Vorgehen seitens des Finanzministeriums bei der Festsetzung der vorjährigen Miete habe ich einsehen müssen, daß die festgesetzte Summe unter Berücksichtigung der riesigen neuen Steuern, die wir für den Fiskus für Grund und Boden zahlen müssen, viel zu hoch gegriffen ist. Die Höchstsumme, die ich daher für das Jahr 1926 zahlen könnte, wäre M 20000.-

Um aber nicht in jedem Jahr das Schreckgespenst der Mietssteigerung vor Augen zu haben, bitte ich, die Miete auch gleichzeitig für das Jahr 1927 bis einschließlich 1. April 1928 auf M 20000 festzusetzen. – Selbstverständlich werde ich dann auch stets bemüht bleiben, meinen Verpflichtungen jeder Zeit auf das Prompteste nachzukommen auch wenn der Fall eintreten sollte, daß ich meinen Circusbetrieb einstellen und über das Gebäude anderweitig verfügen müßte. Die schlechte Geschäftslage in der Theater- und Vergnügungsindustrie, die ja heute ein offenes Geheimnis ist, wirkt sich in weit größerem Maße bei meinem Circusbetriebe aus, da ich nicht nur weit mehr Angestellte, Artisten, Schauspieler und Komparserie beschäftige, wie irgend ein Berliner Theater, sondern auch noch die vielen Fresser im Stall zu stehen habe. Wenn ich daher nicht mit einem Massenbesuch rechnen kann, so ist es eben ganz ausgeschlossen, daß ich nur einigermaßen auf die Selbstkosten komme. Dem baldigen Bescheid sehe ich entgegen und zeichne mit vorzüglicher Hochachtung ergebenst – Paul Busch, Preußischer Kommissionsrat«[26]

Das Finanzministerium hatte daraufhin die Miete vom 1. Januar 1926 bis 31. März 1927 auf 24000 RM festgesetzt (zum Vergleich: die Vorkriegs-

Reklamewagen des Circus Hagenbeck 1930 vor dem Kaufhaus Karstadt am Hermannplatz. Dem Wagen entstiegen Seelöwen, die ihre Künste zeigten.

miete betrug 40000 M). Bis 1933 wurde sie auf 28 000 RM erhöht. Eine Abrechnung der Firma Circus-Varieté Busch, wie sich das Unternehmen nun nannte, durch das Revisionsbüro Völz wies für das Jahr 1930 aus:

Berliner Bau	Verlust	3 572,55 RM
Hamburger Bau	Verlust	147 899,46 RM
Breslauer Bau	Gewinn	7 349,64 RM [27]

Paula Busch versuchte, durch eine Orientierung aufs Varieté dem Trend der Zeit zu entspechen und die von der Weltwirtschaftskrise bedrängten Menschen in ihre Vorstellungen zu locken. Sie entwickelte Pläne für eine Kombination von Manege und Bühne, der Berliner Zirkus sollte umgebaut werden zu einem »Volkszirkus mit 4000 Plätzen und täglich 2 Vorstellungen«. Dazu wollte sie als zusätzlichen Anziehungspunkt – basierend auf dem Material des Hamburger Sammlers Erdwin Schirmer – ein Zirkusmuseum einrichten. Sie engagierte die Tänzerin Olga Desmond als Ballettmeisterin für ihre Manegenschaustücke; 1932 verpachtete sie die CIVA Hamburg an eine Annus Zirkus-Varieté GmbH, die aber bereits Ende März 1933 den Offenbarungseid leisten mußte. Um der Konkurrenz des in Berlin gastierenden Großzirkus Krone zu begegnen und Publikum anzuziehen, ging Paula Busch

Zeichnung von Heinrich Zille

1928 sogar einen Monat lang zu Pferd in den Löwenkäfig – eine Attraktion der Dressurnummer von Alfred Kaden, der dieses Bravourstück der Direktorin äußerst ungern sah.

Paula Busch ließ nichts unversucht, um ihr Unternehmen durchzubringen – einerseits aus der Verpflichtung heraus, die sie dem Vater gegenüber fühlte, und andererseits aufgrund ihres unbedingten Willens, sich als Frau in dieser Position zu behaupten. Im Internationalen Theater-, Varieté- und Circusdirektorenverband war sie lange Zeit die einzige Frau. Die zweite deutsche Zirkusdirektorin von Bedeutung war Margarethe Kreiser-Barum, der 1935 vom Vater die Leitung des Circus Barum übertragen wurde. Auch sie steckte aus Verehrung für den Vater alle persönlichen Belange zurück, verzichtete auf Familie und ihre eigentlichen Interessen, die der Kunstgeschichte galten, und widmete sich nur dem Zirkus, in dem sie Pferde und Elefanten vorführte. Merkwürdigerweise begegneten die beiden Direktorinnen einander nie, hegten aber große Hochachtung voreinander.

Obwohl Paula Busch betonte, auch bei der »schweren Männerarbeit« der Führung des Großbetriebes Busch ganz Frau geblieben zu sein, übernahm sie objektiv eine männliche Rolle. Die Gleichstellung der Frau war zu dieser Zeit nur möglich in der Angleichung an die Struktur der Männerherrschaft. Frauen konnten bestenfalls »ihren Mann stehen«, aber kaum eine weibliche Identität außer der überlieferten innerhalb der Familie verwirklichen. Paula Busch übernahm die Männerrolle teils wegen äußerer Zwänge – der vom Vater aufgenötigten Sohnesrolle und als Erbin des Unternehmens –, teils aus innerem Antrieb. Sie wollte die Emanzipation, die völlige Gleichstellung mit dem männlichen Geschlecht. Sie hatte nach ihrer gescheiterten Ehe nie wieder geheiratet, und in ihrem Haushalt gab es nur Frauen: die Wasserminna und Eleonore Cador, die sie später adoptierte, um der Lebensgefährtin den Erbanspruch sichern zu können. Paula Busch hat sich nie öffentlich zu etwaigen lesbischen Beziehungen bekannt. Als allerdings ein Hamburger Lesben-Verein ihrem Bild in seinem Klub einen Ehrenplatz einräumte, verwahrte sie sich auch nicht dagegen.

Zu Beginn der dreißiger Jahre kämpfte Paula Busch nicht nur mit wirtschaftlichen Schwierigkeiten, sie mußte sich auch mit einschneidenden politischen Veränderungen auseinandersetzen. Obwohl ihre Sympathien nicht den Nazis galten, vermied sie stets die offene Konfrontation mit den neuen Machthabern. So wie sie ihr Berliner Haus für Kirchenveranstaltungen zur Verfügung stellte, etwa jährlich zum Bußtag, und auch die Heilsarmee bis zu ihrem Verbot durch die Nazis den Berliner Busch-Bau (kostenlos) nutzen durfte, ließ sie die NSDAP in ihr Haus – schon 1932. Dazu eine Mitteilung in der Preußischen Bau- und Finanzdirektion: »Herrn Oberregierungsrat Wentrup, hier, ergebenst. Nach Zeitungsnachrichten hat gestern im Zirkus Busch eine Versammlung der Nationalsozialistischen Arbeiterpartei stattgefunden. Ich bitte zu prüfen, ob die Leitung des Zirkusunternehmens nach dem Vertrage berechtigt ist, das Zirkusgebäude für politische Versammlungen zur Verfügung zu stellen, und wie sich in Zukunft derartige Vorfälle verhindern lassen.«[28]

Paula Busch 1928 zu Pferd im Löwenkäfig

Der Busch-Bau ist, wie Akten belegen, regelmäßig den unterschiedlichsten Nutzern zur Verfügung gestellt worden, ob dem Bund der Landwirte, den Berliner Jungfrauen-Vereinen, dem Evangelischen Volksbund oder den Berliner Grundbesitzer-Vereinen. 1922 hielt der Deutschvölkische

Kundgebung des Deutschen Beamtenbundes mit 20000 Teilnehmern vor dem überfüllten Gebäude des Circus Busch im Januar 1920

Schutz- und Trutzbund unter dem Hakenkreuz-Emblem im Circus Busch eine Großkundgebung gegen die Einwanderung der Ostjuden ab, 1928 feierte die KPD hier das zehnjährige Jubiläum ihrer Zeitung »Die Rote Fahne«, und 1929 sprach Ernst Thälmann auf einer KPD-Kundgebung im Busch-Bau. Bereits 1931 hatte es im Berliner Circus Busch eine Sonderveranstaltung der »Nationalsozialistischen Volksbühne« – eine Art »völkisch nationale Besucherorganisation« als Gegenstück zur Volksbühnenbewegung – mit Joachim von Ostaus »Volk in Not« gegeben. Herbert Jhering schrieb über diese Veranstaltung im »Berliner Börsen Courir« vom 30. März 1931: »Das Theater einer Volksbewegung? Das Theater des Persönlichkeitskults. Herr Dr. Goebbels erscheint auf dem Höhepunkt des Spiels im Zuschauerraum und lenkt den Beifall auf seine Person.«[29]

Paula Busch versuchte, sich mit den neuen Machthabern möglichst zu arrangieren und damit das Fortbestehen ihres Unternehmens zu sichern. Aber sie nutzte auch verschiedene Möglichkeiten, um alte Freunde zu unterstützen, die nun aus rassistischen oder anderen Gründen verfolgt wurden.

Unterm Hakenkreuz 1933 – 1945

Die Zeit des Nationalsozialismus

Die Machtübernahme durch die Nationalsozialisten brachte dem Zirkus hinsichtlich der wirtschaftlichen Lage keine Erleichterung. Eine Abrechnung des Steuerberaters Völz für den Zeitraum 1. Januar – 30. Oktober 1933 wies für das Unternehmen Circus-Busch-Varieté einen Verlust von insgesamt 36298,59 RM aus.

In einem Brief vom 22. Oktober 1933 an die Preußische Bau- und Finanzdirektion klagte Paula Busch: »... Ich habe nur noch Schulden ... Meine Zweigunternehmen in Hamburg und Breslau mußte ich auch diesen Sommer geschlossen halten wegen der fürchterlichen Wirtschaftskrise ... Ich habe mit großen Hoffnungen meine neue Winterspielzeit eröffnet, zumal da wenige Theater spielten. Ich habe mit der Inscenierung des ›Zigeunerbaron‹, dessen Etat für meine Verhältnisse viel zu hoch war, allein im Monat September über 15 000 Mark zugesetzt. Ich habe alsdann ein hervorragendes Programm und im Anschluß daran Manegeschaustücke gegeben, die auch nicht einschlugen. Grund dieser Mißerfolge ist nicht meine Untüchtigkeit, sondern die wirtschaftliche und politische Lage. Dadurch, daß unser Volk sonnabends und sonntags durch Volksfeste und Märsche beschäftigt ist, ein Umstand, den ich voll und ganz zu würdigen verstehe, kann ich an diesen Tagen überhaupt nicht mehr mit dem gewohnten Besuch rechnen ...«[1]

Und es schwebte ein Damoklesschwert über dem Circus Busch: der drohende Abriß des Berliner Hauses. In einem Schreiben des Finanzamtes Rosenthaler Tor vom 13. Oktober 1933 an die Finanzdirektion hieß es dazu: »Das Cirkus-Varieté-Unternehmen Busch, Kleine Präsidentenstr. 7, beantragt durch ihren Steuerberater R. Völz für den angeblich im Jahre 1939 bevorstehenden Abbruch des hiesigen Cirkusgebäudes eine Herabsetzung des Gebäudewertes von mindestens 50000 RM. Da der Pachtvertrag am 31. Dezember 1939 ablaufen soll, bitte ich um Mitteilung, ob eine Verlängerung des Vertrages in Frage kommt, oder mit dem Abbruch des Cirkusgebäudes tatsächlich gerechnet werden muß.«[2]

In ihrem unbedingten Bestreben, allen Schwierigkeiten zu trotzen und den Zirkus zu erhalten, war Paula Busch bereit, sich mit den neuen Machthabern zu arrangieren. Am 1. Mai 1933 trat sie in die NSDAP ein und erhielt die Mitgliedsnummer 2639618. Über diese Tatsache machte sie später sehr unterschiedliche Angaben. Im Fragebogen für Mitglieder der Reichsschrifttumskammer nannte sie als Eintrittsdatum den März 1933, im Personal-Fragebogen des Military Government of Germany, Information Control, dagegen den Herbst 1933. In einer Erklärung zum Entnazifizierungs-Fragebogen schrieb sie: »Wegen dauernder Schikanen bin ich im Herbst 1933 gezwungen gewesen, meinen Eintritt in die NSDAP zu beantragen. Ich habe seitdem zwar Beiträge bis 1942 gezahlt, habe aber vermeiden können, dass meine Aufnahme formell in die Partei erfolgt ist. Ich war nur Parteianwärter ...«[3]

Diese widersprüchlichen Aussagen erklären sich mit den unterschiedlichen Zeiten und Adressaten, an die sie gerichtet waren. Nachweisbar sind aus den Unterlagen des ehemaligen Document Center (heute Bestandteil des Bundesarchivs) Paula Buschs Eintrittsdatum und ihre Mitgliedsnummer der NSDAP. Beim Antrag auf Lizenzerteilung bei der britischen Militärregierung wurde 1948 vom Lizenzberater der Information Services Division in Westberlin als Resultat seiner Nachforschungen in den Mitgliederlisten der NSDAP festgestellt, daß Paula Busch Mitglied der NSDAP von 1933-44 war.[4]

Es gab nur wenige Direktoren bedeutender Zirkusunternehmen, die diesen Schritt vermieden. Ob die Krones in München, die Hamburger Hagenbecks, Jacob Busch in Nürnberg, Julius Gleich, die Brumbachs – sie alle traten mit mehr oder weniger Überzeugung und Begeisterung in die NSDAP ein. Hans Stosch-Sarrasani umging die Mitgliedschaft, indem er 1934 zu einer zweiten Südamerika-Tournee aufbrach (während der er am 21. September 1934 in Sao Paulo starb) – und Stosch-Sarrasani junior war bereits seit 1932 Parteigenosse.

»Obwohl die ›Nationalsozialistische Betriebszellenorganisation‹ (NSBO) bei den Betriebsrätewahlen im Februar/März 1933 nur zwölf Prozent der Stimmen auf sich vereinigen konnte, riß sie die Macht an sich – auch innerhalb des Internationalen Varieté-Theater- und Circus-Direktoren-Verbandes. Bereits am 9. April übernahm sie dessen ›kommissarische‹ Leitung und begann sofort, den Druck auf die Zirkusdirektoren zu verstärken ... Die Zirkusdirektoren suchten auf verschiedene Weise diesem Dilemma zu entkommen. Einige zogen sich rechtzeitig vom Geschäft zurück, andere wollten im Ausland einstweilen abwarten (wo sie sich allerdings häufig mit der NSDAP-Auslandsorganisation konfrontiert sahen); die meisten wählten ›die Flucht nach vorn‹: die ihnen vorteilhaft erscheinende Parteimitgliedschaft, das optisch auffällige Arrangement mit der neuen Macht. Als ›Parteigenosse‹ war der Direktor plötzlich nicht mehr der zu bekämpfende Gegner, sondern der Partner; das Geschrei vom ›Kapitalisten, den man in die Knie zwingen‹ müsse, verstummte rasch; der gleiche Kapitalist avancierte zum ›Betriebsführer‹, dessen ›Gefolgschaft‹ ihm unbedingte Treue zu halten hatte. Dafür ›revanchierte‹ er sich mit einigen Zugeständnissen, von der Urlaubsregelung bis zur Einführung einer Betriebsküche.«[5]

April 1934: 75. Geburtstag von Therese Renz. Otto Wilhelm Lange, Reichsfachschaft Artistik, gratuliert in der Scala.

Schließung und Abriß des Berliner Zirkusbaus

Alle Zirkusunternehmen führten einen Kampf ums Überleben – von 48 deutschen Zirkussen hatten Anfang der dreißiger Jahre 40 den Betrieb eingestellt.[6] In der Spielzeit 1933 bot Circus Busch ein großes Staraufgebot: Kapitän Schneider mit seinen hundert Löwen, die Flugtrapezartisten Codonas, Kapt. Wall mit seinen Krokodilen, Sylvester Schäffer, den Clown Grock. Infolge der Schließung vieler Unternehmen mußten auch die Star-Artisten ihre Gagenforderungen reduzieren, und so konnten die verbliebenen Großzirkusse in dieser Zeit hochkarätige Programme bieten. Paula Buschs Tochter Micaela hatte das Medizinstudium abgebrochen und gab als jüngste deutsche Schulreiterin (ihr Lehrer war Karl Reinsch) ihr Debüt in einem gemeinsamen Auftritt mit der Altmeisterin Therese Renz. Manegenschauspiele wie »Tarzan«, »Zigeunerbaron«, »Meißner Porzellan«, »Stürme über Wildwest« sollten die Zuschauer in den Circus Busch ziehen.

Micaela Busch

Paula Busch erwog, die CIVA Hamburg wieder in einen Zirkus zu verwandeln, und teilte am 7. August 1934 der Gewerbepolizei Hamburg mit: »... Zu diesem Zwecke habe ich einen grundlegenden Innen-Umbau vorgenommen ... Die nicht unerheblichen Kosten dieser Renovierung sind aber umsonst vertan, wenn, wie ich von verschiedenen Seiten höre, meinem schwer um seine Existenz kämpfenden Unternehmen eine neue Konkurrenz entstehen soll und zwar durch die Umwandlung des Operetten-Theaters in ein Varieté-Theater ... Es ist auf St. Pauli so gehäufte Gelegenheit, artistische Nummern jeden Genres zu sehen, daß es mir unmöglich war, die Civa als Varieté weiterzuführen. Die Schwierigkeiten und Kämpfe der letzten Spielzeit sind Ihnen ja bekannt genug, um die Bedürfnisfrage nach einem weiteren Varieté-Theater ad absurdum zu führen ... Ich habe für den oben erwähnten Umbau keinerlei Unterstützung vom Staat oder der Stadt Hamburg erhalten und darf zumindest wohl erwarten, daß man mich als ›Jubiläumsgabe‹ (zum 50. Jubiläum des Circus Busch – d.Verf.) vor einer Konkurrenz schützt, für die nicht das geringste Bedürfnis von irgend einer Seite vorliegt ...«[7]

Die Behörde veranlaßte daraufhin eine Besichtigung der Umbauten und stellte fest, daß die mit Baubescheid vom 10. April 1934 geforderten Gutachten über die Betriebs- und Standsicherheit der Kuppel, der versenkbaren Manege und des Wasserbassins nicht vorlagen. So wurde die Genehmigung zur Eröffnung des Hauses nur widerruflich erteilt: »Frau Busch ist von mir nicht darüber im Unklaren gelassen worden, daß, sofern die vorstehenden Forderungen nicht umgehend erfüllt würden, die Behörden die Verantwortung nicht mehr länger übernehmen könnten, und eine Schliessung des Betriebes in Erwägung gezogen werden müßte.«[8]

Auch für das Berliner Gebäude hatte die Baupolizei Auflagen erlassen, und Paula Busch teilte am 13. Februar 1934 mit, daß zur 50-Jahr-Feier des Unternehmens eine Renovierung geplant sei, für die Kosten in Höhe von rund 30000 RM werde sie eine Hypothek auf das Breslauer Gebäude aufnehmen. »Seit dem Tode meines Vaters habe ich mein ganzes Vermögen in Renovationen und behördlich verlangte Umbauten der Circus-Busch-Gebäude investiert, denn ich habe sie leider in einem Zustande übernommen, der durchgreifende Erneuerungen verlangte, weil während Lebzeiten meines Vaters so gut wie nichts nach dieser Richtung hin geschehen war. So habe ich im Jahre 1930 150000 Mark (später sprach sie von 80000 M – d.Verf.) aufgewendet, um das Berliner Gebäude zu modernisieren und den baupolizeilichen Auflagen nachzukommen ... Der Circus Busch, immer nur in den Händen der Familie Busch, der ältesten noch amtierenden Circusdynastie Deutschlands, hat den Krisen des Krieges und der Inflation standgehalten. Soll der Circus Busch, wenn er auch noch diese vier bis fünf Aufbaujahre mitdurchkämpft, wirklich verschwinden? Das ist bestimmt nicht nach dem Sinne unserer heutigen Führung, die Tradition achtet und stets ein mutiges Kämpfen und Ausharren belohnt.«[9]

Der Musikalclown Grock

Paula Busch war klar, daß sie bei einer Schließung des Berliner Hauses, die nach Ablauf des Pachtvertrages Ende 1939 drohte und der sie durch aufwendige Renovierungspläne zu begegnen suchte, ihr Unternehmen nicht würde halten können, denn Hamburg und Breslau allein trugen sich nicht. Angesichts der verzweifelten finanziellen Lage wäre es nur folgerichtig gewesen, den Circus Busch nunmehr einzustellen – wie es ihr Vater 1914 unter ungleich günstigeren Bedingungen ohne weitere Skrupel getan hatte. Aber die Tochter kämpfte verbissen um den Erhalt des Unternehmens – als Verpflichtung gegenüber dem Andenken des Vaters, aber mit Sicherheit auch aus dem Ehrgeiz, sich als Frau in dieser Situation zu beweisen. So steckte sie auch die Einkünfte aus ihren Büchern ohne Zögern in den Zirkusbetrieb, und das bis in die Nachkriegsjahre hinein, wo sie zum Teil nur publizierte, um mit den Honoraren die Finanzen des Zirkus aufzubessern.

Im Sommer 1934 setzte ein massiver Angriff der Behörden auf das Berliner Busch-Gebäude ein. Ein Schreiben des Oberbürgermeisters Dr. Sahm vom 18. August 1934 an die Baupolizei Bezirk Mitte verfügte die Schließung des Hauses zum 1. November 1934, wenn nicht Umbauten geleistet würden, die aber nach Ansicht der Bauexperten mindestens sechs Monate in Anspruch genommen hätten. In den folgenden Wochen und Monaten fanden zahllose Verhandlungen und Gespräche verschiedener Instanzen statt: mit dem Staatskommissar der Hauptstadt, Dr. Lippert, dem Preußischen Finanzministerium, dem Bauamt Mitte, dem Stab des Führers. Dr. Leuner, neuer Vorsitzender des Varieté-Theater- und Circusdirektorenverbandes, und der Präsident der Reichstheaterkammer, Dr. Lange, nahmen sich der Sache an und versuchten, die Schließung zu verhindern.

Lange schrieb am 2. November 1934 an das Reichsministerium für Volksaufklärung und Propaganda: »... Der ›Zirkus Busch‹, eine Arbeitsstätte von 200 Personen, soll nach den gestern stattgefundenen Besprechungen zwischen den Vertretern des Fachverbandes und den zuständigen Stellen noch heute geschlossen werden. Als Grund wird von dem Ressort des Staatskommissars Lippert der Umstand angegeben, dass in unmittelbarer Nähe des Zirkus sich eine Tankstelle befindet, wodurch die Feuersgefahr erhöht werde. Hierzu ist jedoch zu bemerken, dass diese Tankstelle vor 4 Jahren errichtet wurde, zu einer Zeit also, als der Zirkus Busch längst existierte. Man kann aber schwerlich ein Unternehmen vom baupolizeilichen Standpunkt deswillen beanstanden, weil zwischenzeitlich eine Gefahrenquelle mit Genehmigung der zuständigen Stelle in dessen Nähe errichtet wurde. Im übrigen ist zu bemerken, dass der bauliche Zustand des Zirkus Busch den interessierten Behörden seit 16 Jahren bekannt ist und erst vor 4 Jahren sind von der Baupolizei Umbauten, die auf ihr Verlangen durchgeführt wurden, ordnungsgemäss abgenommen worden. Die nunmehrige Auflage der Polizei zur Durchführung baulicher Veränderungen datiert vom 20. August 1934 und enthält die Androhung der Schliessung des Unternehmens bereits per 1. November 1934. Nach Äusserung der Sachverständigen ist aber klar, dass die damit gemachte Auflage bestenfalls in 4 Monaten, u.U. sogar erst in einem Jahr, erfüllt werden kann, dass demnach die gestellte, etwa zweimonatige Frist viel zu kurz war.

Abgesehen von der bereits hervorgehobenen plötzlichen und m.E. nicht hinreichend motivierten Schliessung der Arbeitsstätte für 200 Menschen ist weiter zu berücksichtigen, dass seit dem 31. Oktober 1934 internationale Ringkämpfe im Zirkusgebäude ausgetragen werden, zu welchen 14 ausländische Nationen Vertreter entsandt haben. Auch insoweit würde die Schliessung des Zirkus Busch in weitesten Kreisen unliebsames Aufsehen erregen.«[10]

Am 3. Dezember führte Dr. Lange in einem weiteren Schreiben aus: »Zur Frage des baulichen Zustandes des Gebäudes, das seit 1918 ›naturgemäss‹ erheblich gelitten haben soll, ist zu erklären, dass seit jenem Zeitpunkt ein Betrag von rund 80000 Mark von Frau Paula Busch in den letzten Jahren zu Zwecken der Instandsetzung und Erneuerung aufgewandt wurde ... Nicht unerwähnt kann schliesslich bleiben, dass die Herren Baurat Wolff und Bauinspektor Tausch, die heute die Frage der Beanstandungen mit besonderem Nachdruck verfolgen, bei einer Besichtigung des Zirkus im August 1933 hierüber haben kein Wort verlauten lassen. Damals hat eine Kommission von etwa 16 sachverständigen Herren der Bau- und Feuerpolizei die Besichtigung vorgenommen. Die von ihr gemachten verhältnismässig geringfügigen Auflagen wurden dann restlos erfüllt.«[11]

Bereits seit Jahren waren baupolizeiliche Forderungen erhoben worden, denen von seiten des Zirkus nur zum Teil nachgekommen worden war, was die Behörden angesichts der schlechten Geschäftslage toleriert hatten. Doch die nun erhobenen Forderungen waren reine Schikane und – vor allem in Hinblick auf die Terminsetzung – nicht zu erfüllen. Paula Busch reichte Umbaupläne ein, die nicht akzeptiert wurden; ihr wurde lediglich eine Ausnahmegenehmigung erteilt, die es ermöglichte, die internationalen Ringkämpfe im Circus Busch vom 1. November bis 15. Dezember 1934 stattfinden zu lassen, die prolongiert wurden bis 23. Dezember. Aber Staatskommissar Lippert beharrte auf seinem Nutzungsverbot für den Zirkus und lehnte alle Vorschläge ab, die ein Weiterspielen ermöglichen sollten. Am 25. Dezember 1934 wurde der Berliner Busch-Bau für den Spielbetrieb endgültig geschlossen. Alle Interventionen waren erfolglos geblieben.

Nach dem Krieg hat Paula Busch erklärt, daß dieser Willkürakt der Nazis seine Ursache in einer persönlichen Feindschaft des Herrn Lippert zu ihr gehabt und auf ihrer ablehnenden Haltung gegenüber den Nationalsozialisten beruht habe. Diese Haltung jedoch kann nicht allgemein bekannt gewesen sein, sonst hätten Parteigenossen wie Lange, Leuner und Walter Sandow von der Internationalen Artistenloge sie nicht intensiv unterstützt. Tatsächlich war Staatskommissar Lippert der treibende Keil, der sich durch keinerlei Fürsprachen und Interventionen davon abhalten ließ, den Bau zu schließen und später den Abbruch zu forcieren. Auch Eingaben an den Ministerpräsidenten Göring und den Propagandaminister Goebbels blieben erfolglos. Paula Busch hatte den Fehler begangen, sich an beide zugleich zu wenden, was bei deren Rivalität, vor allem in Bezug auf Kulturbelange, nur dazu führen konnte, daß keiner von beiden sich der Sache des Circus Busch annahm.

Ein internes Schreiben aus den Akten des Reichsministeriums für Volksaufklärung und Propaganda gibt Aufklärung über die Hintergründe:

»Abteilung VI

Berlin, den 4. März 1935

Herrn
Ministerialrat Hanke
zur evtl. Vorlage an den Herrn Reichsminister

In Ergänzung unserer telefonischen Besprechung, betr. ›Circus Busch‹ und dessen Erhaltung habe ich sowohl mit dem Preuss. Innenministerium wie auch dem Preuss. Finanzministerium als den Aufsichtsstellen in sicherheits- und baupolizeilichen Fragen verhandelt. Der zuständige Vertreter des Preuss. Innenministeriums, Ministerialrat Eickhoff, betonte, dass ihrerseits jedes Interesse an der Erhaltung des ›Circus Busch‹ vorhanden sei und jede Schwierigkeit aus dem Wege geräumt würde. Die gleiche Erklärung gab der Herr Staatssekretär des Preuss. Finanzministeriums Landfried ab, der aber seinerseits betonte, dass er lediglich sich hier Wünschen des Staatskommissars der Stadt Berlin, Pg. Dr. Lippert, gefügt habe. Pg. Dr. Lippert sei bei ihm erschienen und habe ihm es als den Wunsch des Führers dargestellt, dass in

Verfolg der städtebaulichen Pläne des Führers das ›Circus-Busch-Gebäude‹ verschwinden soll. Diesem Argument zufolge habe er die erlassene Anordnung gegeben. Wenn der Herr Reichsminister mit dem Staatskommissar der Stadt Berlin Rücksprache nimmt, so wäre diese Frage zu klären.

Heil Hitler!«[12]

Das persönliche Interesse Hitlers an der Beseitigung des Busch-Baus sollte offensichtlich nicht publik werden, denn Lippert bezog sich in keinem seiner offizielllen Schreiben darauf. Es existiert allerdings das Protokoll einer Besprechung in der Reichskanzlei am 5. Juli 1934, aus dem die Interessenslage eindeutig hervorgeht: »Der Führer entscheidet, daß nicht bloß südlich der Spree – Kaserne Prenzlauer Berg pp. – sondern auch nördlich – mediz. Klinik, Frauenklinik, Universitätsinstitute pp. – breite Verkehrsadern mit Grünanlagen – vom Bhf. Friedrichstraße sich ostwärts erstreckend – am Wasser entlang sich hinzuziehen hätten ... Auf das Nordufer zwischen Atlas-Hotel und Monbijou denkt sich der Führer den langgestreckten Neubau des Museums für die Kunst des 19. Jahrhunderts errichtet. (Der) Staatskommissar weist darauf hin, daß der nach dem Plan des Stadtbaurates ebenfalls für Museumbauten in Aussicht genommene fiskalische Platz, auf welchem jetzt Zirkus Busch steht, durch eine schon in nächster Zeit auszusprechende Kündigung an Frau Paula Busch freigemacht werden könnte. Der Führer billigt dies Vorhaben.«[13]

Goebbels hatte sich offenbar über diese Entscheidung Hitlers von Lippert informieren lassen bzw. von seinem Staatssekretär Funk, der bei jener Besprechung ebenfalls zugegen war. Goebbels unternahm jedenfalls keinerlei Anstrengungen, den Staatskommissar umzustimmen, wie dessen Schreiben vom 31. Mai 1935 an den Preußischen Finanzminister zu entnehmen ist: »Ich bemerke im übrigen, daß sich der Herr Reichsminister für Volksaufklärung und Propaganda den von mir vorgetragenen Gründen gegen eine Beibehaltung des Zirkusses Busch *nicht* verschlossen hat ...«[14]

Andererseits befürwortete das Propagandaministerium ein Jahr später den Antrag von Paula Busch, anläßlich der Olympischen Spiele im Busch-Bau ein Zirkusgastspiel zu veranstalten. Staatskommissar Lippert lehnte ab mit Hinweis auf den Vergleich zwischen Paula Busch und dem Preußischen Finanzminister, der den Mietvertrag für das Gelände mit Wirkung vom 1. April 1936 aufgehoben hatte. Er berief sich auf die baupolizeilich notwendige Schließung und wies außerdem darauf hin, daß zur Zeit der Olympischen Spiele die Großzirkusse Hagenbeck und Krone, voraussichtlich auch Sarrasani in Berlin gastieren würden, so daß kein Bedarf an der Eröffnung eines weiteren Zirkus bestünde. Der Vergleich, auf den Lippert Bezug nahm, wurde nach längerem Feilschen über die Höhe der Entschädigungssumme am 14. Januar 1936 abgeschlossen.

»Zwischen Frau Paula Busch, als der alleinigen Inhaberin der Firma Circus Paul Busch zu Berlin, Kleine Präsidentenstr. 7, und der Baupolizei-Behörde der Stadt Berlin sind Streitigkeiten wegen der weiteren Benutzung des auf dem dem Preußischen Fiskus gehörigen Gelände Kleine Präsidentenstr. 7 in Berlin befindlichen, der Firma Circus Paul Busch gehörenden Circus-Gebäudes entstanden. Zur Beilegung dieser Streitigkeiten wird, nachdem die zuständigen Behörden sich bereit erklärt haben, Frau Paula Busch und dem Verband deutscher Berufsringer e.V. zu Berlin die Erlaubnis zur Durchführung der von dem Verband in der Zeit vom 15. Januar bis 31. März 1936 geplanten Veranstaltungen innerhalb des Circus-Gebäudes unter den im Herbst 1934 für dieselbe Veranstaltung gestellten Bedingungen zu erteilen, zwischen dem Preußischen Staat (Allgemeine Finanzverwaltung) vertreten durch den Preußischen Finanzminister und Frau Paula Busch als alleiniger Inhaberin der Firma Circus Paul Busch nachstehender Vergleich geschlossen:

1. Der zwischen dem Preußischen Staat und der Firma Paul Busch bestehende Mietsvertrag, betreffend das Circus-Gelände Berlin, Kleine Präsidentenstr. 7, wird mit Wirkung vom 1. April 1936 aufgehoben. Der Preußische Staat verzichtet auf die Zahlung der rückständigen Miete sowie auf die bis zum 31. März noch fällig werdenden Beträge.
2. Der Preußische Staat wird Frau Paula Busch als Ersatz für ihre für den Circusbetrieb und für die Unterhaltung des Circus-Gebäudes gehabten Aufwendungen und als Ersatz des ihr durch die vorzeitige Auflösung des Mietvertrages entstehenden und schon vorher entstandenen Gewinnausfalls sofort 200000 RM (›Zweihunderttausend Reichsmark‹) zahlen und zwar durch Überweisung auf das Konto der Frau Paula Busch bei der Dresdner Bank, Hamburg 4, Filiale Reeperbahn.
3. Nach Mitteilung des Landesfinanzamts Groß-Berlin wird der unter Ziff. 2 genannte Betrag nur insoweit und höchstens mit 10% versteuert, als er den nach Angabe des Landesfinanzamts 153000 RM betragenden Buchwert des Circusgebäudes übersteigt.

4. Der Preußische Staat wird Frau Paula Busch von allen auf dem Circus-Gelände und Circus-Gebäude lastenden rückständigen Staatssteuern, sie mögen heißen, wie sie wollen, sowie von den bis zum 31. März 1936 noch fällig werdenden Beträgen freistellen.
   Der Preußische Staat wird weiter auf die zuständigen städtischen Behörden dahin einwirken, daß Frau Paula Busch auch von allen auf dem Circus-Gelände und Circus-Gebäude lastenden rückständigen Gemeindesteuern freigestellt wird.
5. Der Preußische Staat wird Frau Paula Busch von allen infolge der vorzeitigen Auflösung des Mietvertrages etwa entstandenen oder noch entstehenden Schadensersatzansprüchen des Pächters der Circus-Restauration freistellen.
6. Der Preußische Staat wird den Abriß des Circus-Gebäudes auf seine Kosten durchführen, desgleichen auch alle infolge des Abrisses etwa sonst noch notwendig werdenden Kosten, wie z.B. die Kosten für Planierungsarbeiten tragen.
   Er gestattet Frau Paula Busch, nach ihrer Wahl alle Einrichtungsgegenstände, sie mögen heißen, wie sie wollen, aus dem Circus-Gebäude auf ihre Kosten zu entfernen und zu behalten, jedoch mit der Maßgabe, daß die Entfernung dieser Einrichtungsgegenstände bis zum 15. April durchgeführt sein muß.
7. Frau Paula Busch verpflichtet sich, die bei dem Bezirksausschuß Berlin eingereichten Klagen zurückzunehmen. Der Preußische Staat übernimmt die entstandenen Gerichtskosten.
8. Frau Paula Busch erklärt sich durch diesen Vergleich wegen aller ihrer Ansprüche, die aus Anlaß des Streitfalles mit der Baupolizeibehörde Berlin und der vorzeitigen Auflösung des Mietvertrages entstanden sind, als abgefunden.
9. Die durch den Abschluß dieses Vergleichs etwa fällig werdenden Stempel übernimmt der Preußische Staat.

Berlin, den 14. Januar 1936

Der Preußische Finanzminister
Im Auftrage:
gez. König

gez. Dr. Carl Kikath,
Rechtsanwalt
als Bevollmächtigter
der Frau Paula Busch«[15]

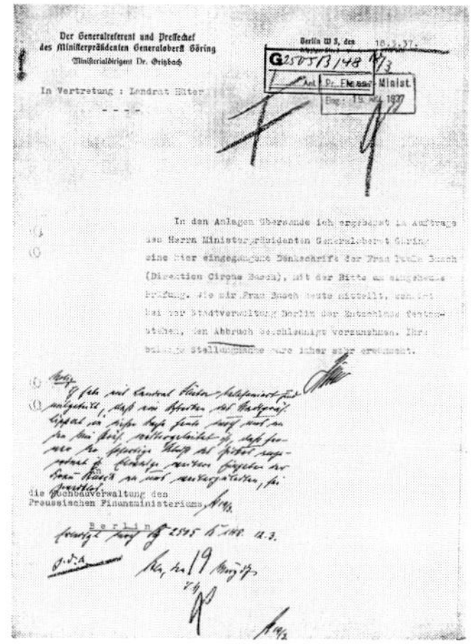

Der Generalreferent und Pressechef
des Ministerpräsidenten Generaloberst Göring
Ministerialdirigent Dr. Gritzbach

Berlin W 8, den 18.3.37.

In Vertretung : Landrat Hüter

In den Anlagen übersende ich ... im Auftrage des Herrn Ministerpräsidenten Generaloberst Göring eine hier eingegangene Denkschrift der Frau Paula Busch (Direction Circus Busch), mit der Bitte um eingehende Prüfung. ... den Abbruch ... vorzunehmen. ...

die Hochbauverwaltung des
Preussischen Finanzministeriums,

Berlin

CIRCUS BUSCH GMBH
AUS BERLIN
ALLEINIGE GESELLSCHAFTER
PAULA BUSCH · EMIL WACKER
STAMM-ADRESSE:
BERLIN C 2
KL. PRÄSIDENTENSTR. 7

Hamburg, den 26. 1. 37.
Eß/Bg.

An die
Polizeibehörde in
Hamburg 36.

Der Ordnung halber teilen wir Ihnen mit, dass unser Gastspiel mit dem 31. Jan. d. J. beendet ist und das Circus-Gebäude ab 1. Febr. bis auf weiteres geschlossen bleibt.-

Heil Hitler!

Anweisung des Preußischen Finanzministeriums vom 19.3.1937 zum sofortigen Abriß des Berliner Busch-Gebäudes (oben)

Brief des Circus Busch an die Hamburger Polizeibehörde vom 26.1.1937

Abriß des Berliner Busch-Baus 1937

Berücksichtigt man den Zustand des Gebäudes und die allgemein schlechte Geschäftslage der Zirkusse, war dieser Vergleich für Paula Busch keineswegs ungünstig – und widerspricht ihrer These, daß die nationalsozialistischen Machthaber sie mit der Schließung und dem Abriß des Berliner Hauses für ihre antinazistische Haltung bestrafen wollten. Auch fand sie bei ihren späteren Bemühungen um einen Neubau durchaus allgemeine Unterstützung.

Der geplante Abriß des Gebäudes verzögerte sich zwar, dennoch wurde Paula Busch trotz wiederholter Anfragen kein Gastspiel mehr gestattet. Im Januar 1935 versuchte auch Carl Hagenbeck, die Genehmigung für ein Gastspiel im Berliner Busch-Bau zu erhalten, mit Hinweis auf die vergeblich durchgeführten Hilfsaktionen für Frau Busch wurde sein Gesuch abgelehnt. Alle Bemühungen von Paula Busch, das Haus doch noch erhalten zu können, blieben ergebnislos. Auch Eingaben an den Preußischen Ministerpräsidenten Göring hatten nur zur Folge, daß der preußische Finanzminister, zur Stellungnahme aufgefordert, am 19. März 1937 den unverzüglichen Abriß des Gebäudes veranlaßte.

Im Juni 1937 begannen die Abrißarbeiten, und Paula Busch blieb nur, ihre Bemühungen um einen Neubau energisch voranzutreiben. Einen einflußreichen Verbündeten fand sie im Generalbauinspektor des Deutschen Reiches, Professor Albert Speer. In einem Brief vom 2. November 1938 an den preußischen Finanzminister berichtete sie: »... Diese Bemühungen (um den Neubau eines Zirkusgebäudes in Berlin – d. Verf.) haben nunmehr auch von Seiten des Herrn General-Bauinspektor Prof. Speer erfreuliche Zustimmung und Unterstützung gefunden, dahin, daß derselbe die vorläufigen Pläne für den Circus-Neubau hat anfertigen lassen und weitere gütige Förderung zusagte.«[16]

Als neuer Standort war das ehemalige Ausstellungsgelände am Lehrter Bahnhof vorgesehen. Speer setzte sich sehr für das Projekt ein und schrieb am 20. Juni 1938 an Paula Busch: »Unter Bezugnahme auf die mit mir geführten Verhandlungen begrüsse ich den Plan eines Neubaues des ›Zirkus Busch‹ und bin mit dem vorgeschlagenen Bauplatz im Gebiet des Landesaustellungsparks einverstanden. Wie mit Herrn Ministerialdirektor Reck besprochen, habe ich die Preussische Bau- und Finanzdirektion (Herrn Keibel) mit der Vorklärung beauftragt. – Die Honorarkosten für die Projektbearbeitung werde ich im übrigen von mir aus übernehmen. Sollten sich Ihnen bei den weiteren Verhandlungen irgendwelche Schwierigkeiten entgegenstellen, bin ich gern bereit, Sie in Ihren Bemühungen in jeder Weise zu unterstützen und bitte, mich dann ggf. zu benachrichtigen. gez. Speer«[17]

Auch Göring begrüßte dieses Vorhaben. Ein gewisser Dr. Wolters in einer Aktennotiz vom 9. Dezember 1938 an seinen Vorgesetzten Speer: »Frau Paula Busch berichtete heute, dass sie soeben eine Audienz beim Generalfeldmarschall Göring gehabt habe. Der Feldmarschall habe sich sehr für das Zirkus-Projekt interessiert und wollte einen Mann mit der Klärung der Finanzierung betrauen.«[18] Dr. Lippert, nunmehr Oberbürgermeister von Berlin, hatte nach Rücksprache mit Speer ebenfalls keine Einwände gegen den Neubau eines Zirkus Busch, der sich immerhin im neuen Zentrum der Reichshauptstadt in unmittelbarer Nähe der geplanten Großen Halle befinden sollte. Speer hatte größtmögliche Befugnisse bei der Planung und Gestaltung aller wichtigen Bauten seines Generalbebauungsplans der Reichshauptstadt. Er »konnte selbst entscheiden, welche Gelände er in den Plan einbeziehen wollte, und hatte volles Entscheidungsrecht für die Lokalisierung aller größeren Neubauten. Durch das Recht, selbst die Architekten zu verpflichten und zu honorieren ... konnte er ... die Gestaltung der Gebäude und ihre ästhetische Anpassung an den Stadtplan bestimmen. Er brauchte sich vor keiner anderen Behörde als Hitler selbst zu verantworten.«[19]

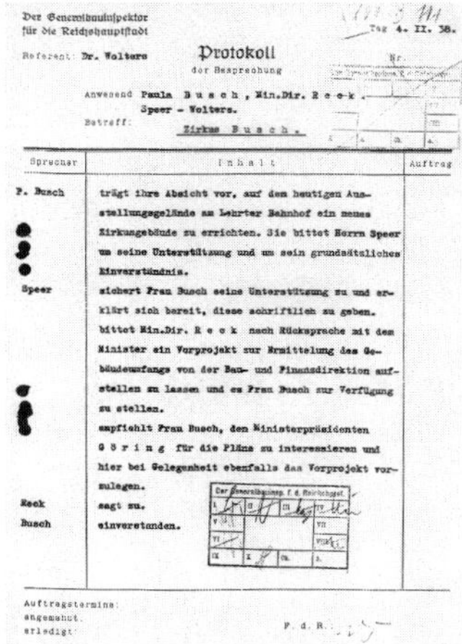
Der Generalbauinspektor
für die Reichshauptstadt

Tag 4. II. 38.

Referent: Dr. Wolters

Protokoll
der Besprechung

Nr.

Anwesend Paula Busch, Min.Dir. Reck.
Speer – Wolters.

Betreff: Zirkus Busch.

Sprecher	Inhalt	Auftrag
P. Busch	trägt ihre Absicht vor, auf dem heutigen Ausstellungsgelände am Lehrter Bahnhof ein neues Zirkusgebäude zu errichten. Sie bittet Herrn Speer um seine Unterstützung und um sein grundsätzliches Einverständnis.	
Speer	sichert Frau Busch seine Unterstützung zu und erklärt sich bereit, diese schriftlich zu geben. bittet Min.Dir. Reck nach Rücksprache mit dem Minister ein Vorprojekt zur Ermittelung des Gebäudeumfangs von der Bau- und Finanzdirektion aufstellen zu lassen und es Frau Busch zur Verfügung zu stellen. empfiehlt Frau Busch, den Ministerpräsidenten Göring für die Pläne zu interessieren und hier bei Gelegenheit ebenfalls das Vorprojekt vorzulegen.	
Reck	sagt zu.	
Busch	einverstanden.	

Der Generalbauinsp. f. d. Reichshauptst.

Auftragstermine:
angemahnt:
erledigt:

F. d. R.:

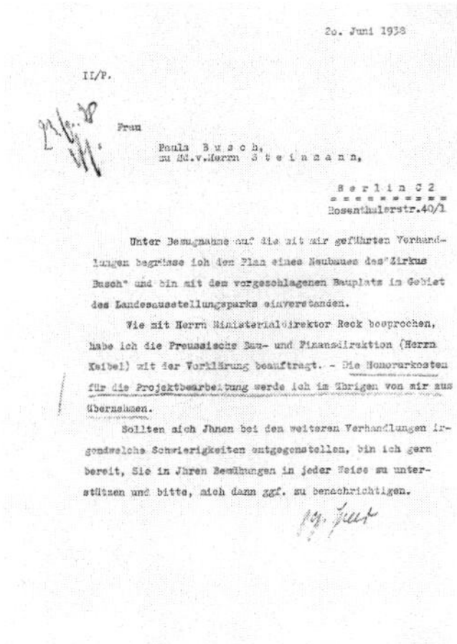
20. Juni 1938

II/P.

Frau

Paula Busch,
zu Hd.v.Herrn Steinmann,

Berlin C 2
Rosenthalerstr.40/1

Unter Bezugnahme auf die mit mir geführten Verhandlungen begrüsse ich den Plan eines Neubaues des "Zirkus Busch" und bin mit dem vorgeschlagenen Bauplatz im Gebiet des Landesausstellungsparks einverstanden.

Wie mit Herrn Ministerialdirektor Reck besprochen, habe ich die Preussische Bau- und Finanzdirektion (Herrn Keibel) mit der Vorklärung beauftragt. – Die Honorarkosten für die Projektbearbeitung werde ich im Übrigen von mir aus übernehmen.

Sollten sich Jhnen bei den weiteren Verhandlungen irgendwelche Schwierigkeiten entgegenstellen, bin ich gern bereit, Sie in Jhren Bemühungen in jeder Weise zu unterstützen und bitte, mich dann ggf. zu benachrichtigen.

Protokoll einer Besprechung zwischen Albert Speer und Paula Busch am 4.2.1938 (oben)

Brief von Albert Speer an Paula Busch vom 20.6.1938

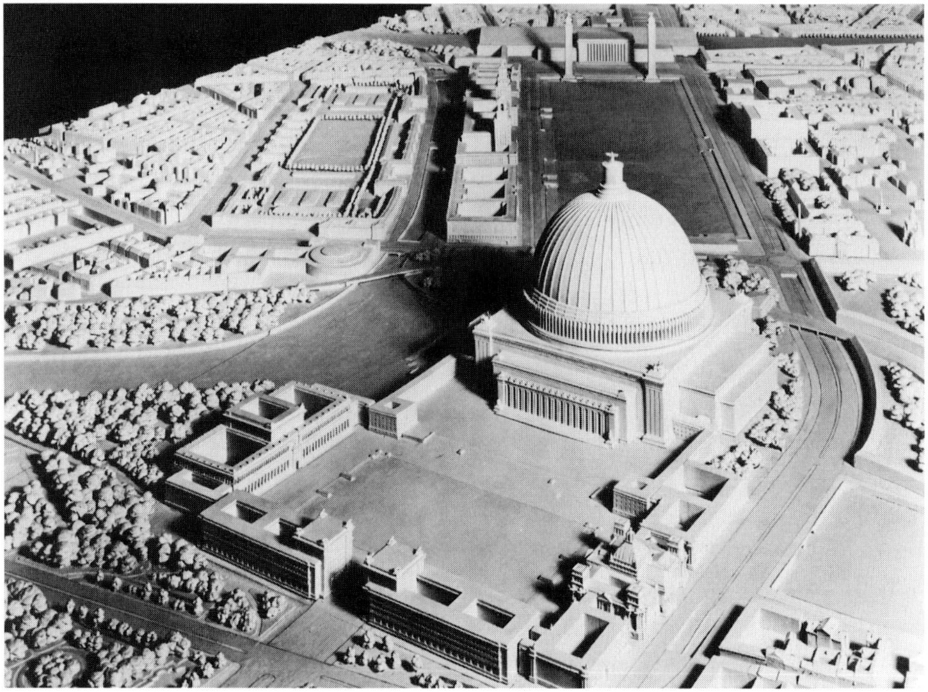

Modell des von Speer geplanten neuen Stadtzentrums der Reichshauptstadt, links von der Großen Halle der Neubau des Circus Busch

Die Kosten für die Bauetappe der Großen Straße, des neuen Stadtzentrums der Reichshauptstadt, waren bis 1950 auf ca. 4-6 Milliarden RM veranschlagt, aus diesem Neubaufonds sollten alle öffentlichen Gebäude finanziert werden. Offensichtlich auch Bauten wie der Circus Busch, denn allen Beteiligten war klar, daß Paula Busch die erforderlichen Mittel für den Neubau aufzubringen nicht imstande war. Görings Zusage, »einen Mann mit der Klärung der Finanzierung (zu) betrauen«, deutet in diese Richtung. Die Projektierung wurde auf Kosten des Generalbauinspektors vorangetrieben; im Februar 1939 lieferte Oberregierungsrat Keibel »mit Vorentwürfen für den Zirkus Busch 19 Blatt Zeichnungen mit einem Erklärungsbericht und überschläglichem Kostenanschlag«. Im Juni 1939 wurde der Auftrag für das Zirkusprojekt von Speer an die Architekten Roth und Lipp in Berlin gegeben, diese sagten zu, anstelle der bisher geplanten Bausumme von 18 Millionen Mark einen Bau für höchstens 5 Millionen Mark zu entwerfen. Paula Busch war damit einverstanden. Auch zu Kriegsbeginn wurden die Arbeiten noch fortgesetzt, die Akten brechen am 27. April 1940 mit dem Vermerk ab, daß Architekt Werry Roth nach Eintragung der Änderungswünsche von Frau Busch in einigen Wochen sein Projekt vorlegen werde. Noch im November

Innenraum des geplanten Busch-Neubaus

1943 wurden in der Haushaltsüberwachungsliste Architekten-Honorare für den Bau aufgeführt. Die Bauzeichnungen sind erhalten geblieben und befinden sich heute im Stadtmuseum Berlin.

Aus all dem ist ersichtlich, daß die von Lippert forcierte Schließung und der spätere Abriß des Zirkusgebäudes nicht auf eine grundsätzliche Negativhaltung der Nazis gegenüber Paula Busch zurückzuführen waren, sondern offenbar allein auf den »Wunsch des Führers, dass in Verfolg (der) städtebaulichen Pläne des Führers das ›Circus-Busch-Gebäude‹ verschwinden soll«. Da Paula Busch diese Zusammenhänge nicht erkennbar sein konnten, mußte sie die Maßnahmen als gegen sich gerichteten Willkürakt empfinden – was ihre Abneigung gegen die neuen Machthaber verstärkte. Ihre Tochter Micaela, als einstiges Mitglied der Freien Sozialistischen Jugend antinazistisch geprägt, war über die Schließung des Zirkusgebäudes, die am Heiligabend verkündet wurde, so außer sich, daß sie mit einer Pistole bewaffnet ins Stadtzentrum fuhr mit dem wahnwitzigen Vorsatz, den verhaßten Staatskommissar zu erschiessen.[20] Paula Busch gelang es, sie davon zurückzuhalten. Sie selbst war im Interesse des Erhalts ihres Zirkus zu allen Zugeständnissen auch an die neuen Machthaber bereit, vom Parteieintritt bis zu Bittgängen zu

Außenansicht des geplanten Busch-Neubaus

Göring und Goebbels. Ihre persönliche Einstellung äußerte sich in dem Bemühen, in ihrem Freundes- und Mitarbeiterkreis die alten Beziehungen und Freundschaften aufrecht zu halten, unabhängig von Rassen- und Nationalitätenzugehörigkeit oder politischer Einstellung.

Paula Busch unterstützte die Schwestern von Sigmund Freud, mit denen sie seit ihrer Kindheit freundschaftlich verbunden war und die Anfang der dreißiger Jahre nach Wien gezogen waren, regelmäßig mit Lebensmittelpaketen. Als die Schwestern ihre Wohnung räumen mußten, bezahlte Paula Busch ihre Plätze in einem jüdischen Altersheim, aus dem sie ein halbes Jahr später, im Mai 1942, abgeholt wurden. Maria Freud, Paula Buschs mütterliche Freundin, starb mit ihren Schwestern im Gas. Auch zu Max-Otto Friedländer, dem Freund und Mitgesellschafter der zwanziger Jahre, dem nach der Internierung in einem KZ die Flucht nach Schweden gelang, hielt sie Kontakt und versuchte, ihn zu unterstützen.

Solidarität ist gerade unter Zirkusleuten mit ihrem ausgeprägten Kosmopolitismus nicht ungewöhnlich. Sarrasani senior verbat sich jede Einmischung der NSBO in seine Direktorentätigkeit und schützte seine jüdischen Mitarbeiter, so gut und so lange es ging. Adolf Althoff verbarg in seinem Wanderzirkus über Jahre hinweg die jüdische Artistin Irene Danner und ihre Familie – und wurde 1995 dafür vom Staat Israel mit dem Ehrentitel »Gerechte unter den Völkern« ausgezeichnet. Das Phänomen bei diesem Fall ist, daß bei Althoff die Mitarbeiter von den versteckten Artisten gewußt haben müssen und trotzdem den Direktor nicht anzeigten. Das Zusammengehörigkeitsgefühl der Zirkusleute war offenbar stärker als der Einfluß der Naziideologie.

Die Übernahme des Circus Strassburger

Zu Paula Buschs Freunden gehörten auch die Strassburgers, eine alteingesessene Zirkusfamilie, die sich bis in das Jahr 1812 zurückverfolgen läßt. Die jüdischen Artisten gründeten im 19. Jahrhundert einen Zirkus, 1919 vereinigten die Brüder Leopold und Adolf Strassburger ihre Unternehmen zu einem neuen Circus Gebrüder Strassburger. Er entwickelte sich zu einem sehr bedeutenden Reisezirkus. Anfang der dreißiger Jahre führten die Geschwister Carl, Hans und Vera (Kinder von Adolf) und Leopolds Töchter Mandy, Regina und Elly den Zirkus, Direktor war Carl Strassburger, der Geschäftsführer Emil Wacker. Als Hitler an die Macht kam, glaubten auch die Strassburgers, daß die antisemitische Propaganda sich bald wieder legen würde. »Wir sind Deutsche und haben uns nichts vorzuwerfen«, meinte Carl.[21] Um den neuen Herren nicht aufzufallen, bemühten sie sich, ihre Anpassung unter Beweis zu stellen. »Emil Wacker ... war längst in die NS-Partei eingetreten und gründete jetzt eine Betriebszelle der nationalsozialistischen Betriebsorganisationen, die erste in einem deutschen Circus ... Bei einem Gastspiel in einer niedersächsischen Stadt ... fand sogar die Weihe einer ›Betriebszellen-Fahne‹ statt. Im großen Viermaster um Mitternacht!

Carl Strassburger

Adolf Strassburger mit seinen Elefanten, assistiert von Dompteur Adrian Singels

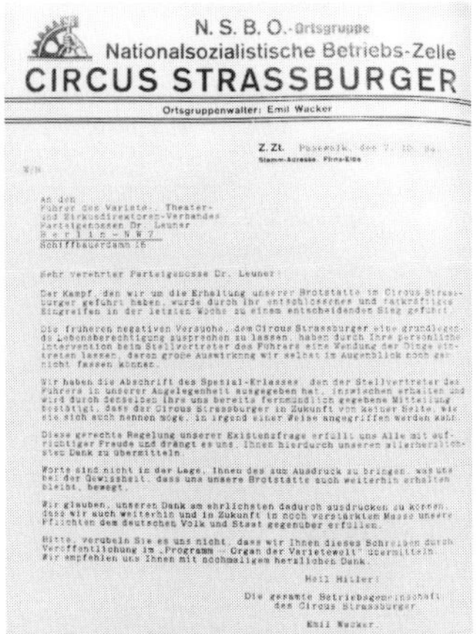

N. S. B. O.-Ortsgruppe
Nationalsozialistische Betriebs-Zelle
CIRCUS STRASSBURGER
Ortsgruppenwalter: Emil Wacker

Z. Zt. Pasewalk, den 7. 10. 34.
Stamm-Adresse: Firma-Elbe

W/N

An den
Führer des Variete-, Theater-
und Zirkusdirektoren-Verbandes
Parteigenossen Dr. Leuner
Berlin - NW 7
Schiffbauerdamm 16

Sehr verehrter Parteigenosse Dr. Leuner!

Der Kampf, den wir um die Erhaltung unserer Brotstätte im Circus Strassburger geführt haben, wurde durch Ihr entschlossenes und tatkräftiges Eingreifen in der letzten Woche zu einem entscheidenden Sieg geführt.

Die früheren negativen Versuche, dem Circus Strassburger eine grundlegende Lebensberechtigung absprechen zu lassen, haben durch Ihre persönliche Intervention beim Stellvertreter des Führers eine Wendung der Dinge eintreten lassen, deren große Auswirkung wir selbst im Augenblick noch gar nicht fassen können.

Wir haben die Abschrift des Spezial-Erlasses, den der Stellvertreter des Führers in unserer Angelegenheit ausgegeben hat, inzwischen erhalten und wird durch denselben Ihre uns bereits fernmündlich gegebene Mitteilung bestätigt, dass der Circus Strassburger in Zukunft von keiner Seite, wie sie sich auch nennen möge, in irgend einer Weise angegriffen werden kann.

Diese gerechte Regelung unserer Existenzfrage erfüllt uns Alle mit aufrichtiger Freude und drängt es uns, Ihnen hierdurch unseren allerherzlichsten Dank zu übermitteln.

Worte sind nicht in der Lage, Ihnen das zum Ausdruck zu bringen, was uns bei der Gewissheit, dass uns unsere Brotstätte auch weiterhin erhalten bleibt, bewegt.

Wir glauben, unseren Dank am ehrlichsten dadurch ausdrücken zu können, dass wir auch weiterhin und in Zukunft in noch verstärktem Masse unsere Pflichten dem deutschen Volk und Staat gegenüber erfüllen.

Bitte, verübeln Sie es uns nicht, dass wir Ihnen dieses Schreiben durch Veröffentlichung im „Programm – Organ der Varietewelt" übermitteln. Wir empfehlen uns Ihnen mit nochmaligem herzlichen Dank.

Heil Hitler!

Die gesamte Betriebsgemeinschaft
des Circus Strassburger

Emil Wacker.

Brief von Emil Wacker vom 7. 10. 1934

Eine Lokalzeitung schreibt unter der Überschrift ›NSBO-Fahnenweihe im Circus Strassburger‹ unter anderem das folgende: ›Nach dem Einmarsch der Fahnen führte der Zellen-Obmann Parteigenosse Wacker in einer kurzen Ansprache aus, daß sich das Personal des Circus schon immer als Arbeiter des Dritten Reiches gefühlt habe‹ und ›Der Redner dankte dem Direktor Strassburger, daß er der Betriebszelle die Fahne geschenkt habe‹.«[22]

1934 konnte der Circus Strassburger seine Tournee ungehindert durchführen, danach häuften sich die Angriffe auf den »Judenzirkus« durch Hitlerjugend und SA. Wacker schrieb hilfesuchend an Dr. Leuner vom Direktorenverband, der sich wiederum an den Stellvertreter des Führers, Rudolf Hess, wandte. Propagandaminister Goebbels, zuständig für das gesamte Kulturleben und damit auch die Reichskulturkammer, Fachschaft Artistik, umging er – aus welchen Gründen auch immer. Bei Hess hatte er Erfolg, dieser erließ eine Art Schutzbrief für den Circus Strassburger. In einem Spezialerlaß an alle Parteibehörden wurde verordnet, daß der Circus Strassburger »in Zukunft von keiner Seite, wie sie sich auch nennen möge, in irgendeiner Weise angegriffen werden kann.«[23] Emil Wacker bedankte sich dafür mit einem Brief an Dr. Leuner vom 7. Oktober 1934, der in der Fachzeitschrift »Das Programm » veröffentlicht wurde.

Doch die Ruhe war trügerisch. In der Sommersaison 1935 nahmen die Angriffe auf den Circus Strassburger wieder zu. Goebbels, der sich von Hess in seiner Kompetenz beschnitten fühlte (»von keiner Seite, wie sie sich auch nennen möge ... angegriffen werden kann«), zog offenbar im Hintergrund die Fäden, vordergründig war es die Deutsche Arbeitsfront unter Robert Ley, die erneut den »Judenzirkus« verfolgte. Obwohl die Geschwister Strassburger als »jüdische Mischlinge zweiten Grades« galten, konnte die DAF anführen, daß der Zirkus noch immer Eigentum der Brüder Adolf und Leopold Strassburger wäre – und diese waren im Sinne der Nazis Juden. Einer Enteignung stand damit kaum etwas im Wege. Nach den von Staatskommissar Hinkel, Goebbels Sonderbeauftragten für jüdische Kulturbelange, im Einvernehmen mit der Gestapo erlassenen Richtlinien durften »nichtarische« Künstler ab dem 15. September 1935 nur noch im Rahmen des Reichsverbandes der jüdischen Kulturbünde und ausschließlich vor Juden auftreten – das bedeutete das Aus für einen jüdischen Zirkus.

In dieser Situation bot Paula Busch an, den Circus Strassburger zu übernehmen. Mit Emil Wacker gründete sie eigens eine Circus-Busch-Berlin GmbH, die am 29. August 1935 ins Handelsregister eingetragen wurde. Der

Der Dreimanegenzirkus Strassburger 1933 bei einem Gastspiel in Mannheim

Circus Strassburger stand auf den Hofwiesen im thüringischen Gera, als am 23. August 1935 der Verkauf an die am gleichen Tage neugegründete Circus-Busch-Berlin GmbH erfolgte. Die Strassburgers hatten erkannt, daß nur ein schneller Verkauf wenigstens einen Teil des Vermögens retten konnte. So trafen sich ihre Bestrebungen mit denen von Paula Busch, die allein von den Häusern in Hamburg und Breslau nicht existieren konnte und in dem bestens ausgestatteten Reisezirkus der Strassburgers die Rettung sah.

Am 24. August 1935 hieß es im »Geraer Beobachter«: »Wie uns gestern abend amtlich mitgeteilt wurde, ist der Zirkus Straßburger, der bisher ein jüdisches Unternehmen war, gestern nachmittag käuflich von Frau Direktor Paula Busch, Berlin, erworben worden. Das jüdische Kapital ist restlos abgefunden. Das Zirkusunternehmen befindet sich nunmehr in rein arischen Händen. Selbstverständlich steht jetzt dem Besuch durch die Parteigenossenschaft nichts mehr im Wege, auch dürfen die Plakate überall ausgehängt werden. Diese schnelle Lösung kann nur begrüßt werden. Es war ja – vor allem nach dem Erlaß der Bestimmungen über die künstlerische Betätigung der Juden, das sinngemäß natürlich auch auf einen Zirkus angewandt werden muß – ein unhaltbarer Zustand, daß ein von Juden geleitetes Großunternehmen in deutschen Städten Gastspiele gab. Andererseits wäre es sehr bedauerlich gewesen, hätten durch den Nichtbesuch des Zirkus die Hunderte von dort beschäftigten arischen Volksgenossen Arbeit und Brot verloren.

Die Prunkfassade des Circus Strassburger ...

Und endlich wäre es schade gewesen um das Unternehmen, in dessen totem und lebendem Material ungeheure Sachwerte stecken und das in seinen künstlerischen Leistungen – wie wir uns gestern abend überzeugen konnten – wirklich hervorragendes bringt.«[24]

Bis zum Ende des Gastspiels in Gera firmierte das Unternehmen weiter als Circus Strassburger. Der Kaufpreis soll 200 000 RM betragen haben. Für diese Summe erhielt die Circus-Busch-Berlin GmbH einen kompletten Zirkus. »Die dem Kaufvertrag beigefügte Inventurliste liefert ein Bild von der damaligen Größe des Circus: zwei große Spielzelte (eines davon bei der Firma Tränkner & Würker eingelagert), komplett mit Rundleinwand, elf weitere Zeltanlagen, eine Sitzeinrichtung der Firma Gehrhardt, Dieselmotoren, Lichtanlagen, Heißluftheizungsanlage, Wasserleitungsanlage, 360 Meter Zaun, 50 Meter Prunkzaun, eine Prunkfassade, 39 Meter lang und 4 Meter tief, mit allem Zubehör, Werkstattanlagen, 4 fast neue Traktoren, zwei Personenautos, 200 Uniformen und Kostüme, für jede Pferdegruppe ein kompletter Satz Freiheitsgeschirre, Sättel jeder Art, Fahrgeschirre für die Arbeitspferde und, und, und. Dazu kamen über 50 Wagen der unterschiedlichsten Art und ein beträchtlicher Tierbestand: über 50 Pferde und Ponies, 6 Elefanten, 13 Löwen, 2 Tiger, eine Hyäne, 8 Eisbären, 8 Braunbären, mehrere Arten Affen und Exoten. Unterschrieben wurde die Liste von Leopold Strassburger. Die Strassburgers durften aus Deutschland ausreisen und jeder 10 000 Reichsmark in Waren mitnehmen ... Es wurde ihnen untersagt, jemals wieder einen Circus zu führen oder als Dresseure oder Artisten aufzutreten.«[25]

Den ehemaligen Besitzern blieben einige Wohnwagen, Schulpferde und zwei Arbeitselefanten. In Belgien gründeten sie ihren neuen Circus Strassburger, der am 6. März 1936 in Lüttich Premiere hatte. Ihr Zelt stammte von dem Nürnberger Zirkusdirektor Jacob Busch, Wagen und Traktoren

... wurde zur Fassade des Circus Busch

aus der Konkursmasse des Zirkus Gleich. Jacob Busch und Gleich waren Mitglieder der NSDAP. Daß der Kaufpreis von 200000 RM nicht dem tatsächlichen Wert des Unternehmens entsprach, läßt sich anhand der Inventurliste leicht nachweisen. »Ein Elefant kostete damals etwa 15000 Mark, handzahm, aber nicht dressiert. Der Circus Busch Berlin erhielt deren sechs in einer eingeübten Dressurnummer. Dazu Raubtiergruppen, Freiheits- und Schulpferde, zwei vollständige Viermastchapiteaus, eine große Fassade und alles, was sonst noch einen der größten deutschen Circusse ausmachte.«[26]

Paula Busch hatte offenbar bei der Transaktion kein ganz reines Gewissen und war sich darüber im klaren, daß sie aus der Notlage der Strassburgers Kapital geschlagen hatte. Das geht auch daraus hervor, daß sie in ihren Memoiren die »Episode« Strassburger völlig ausläßt. Die gesamte NS-Zeit schildert sie in ihrem »Spiel meines Lebens« ausschließlich als Schließung und Abriß des Berliner Hauses, Zerbombung des Hamburger Zirkusbaus und Treck aus Breslau. In einer Anlage zum Geschäfts-Fragebogen der Military Government of Germany, Information Control, erklärte Paula Busch nach dem Krieg: »Auf Veranlassung des Circus Strassburger habe ich im Jahre 1935 zusammen mit dem Geschäftsführer jenes Unternehmens, Herrn Emil Wacker, den Circus Strassburger übernommen und zwar derart, dass auf Vorschlag des Bevollmächtigten des Circus Strassburger, eine G.m.b.H. gegründet wurde, dessen Gesellschafter ich und Herr Emil Wacker wurden. Dieser Vertrag wurde zunächst ein Scheinvertrag. Es handelte sich um ein reisendes Zeltgeschäft. Erst im Jahre 1937 ist dieser Scheinvertrag durch den Bevollmächtigten, Herrn Carl Strassburger, aufgehoben worden und das Geschäft wurde Eigentum der G.m.b.H. Die G.m.b.H. ist in eine offene Handelsgesellschaft umgewandelt worden. 1943 haben sich Herr Wacker und ich getrennt und dieses Unternehmen wurde aufgelöst.«[27]

Von einem Scheinvertrag kann sicher nicht gesprochen werden, da aber eine Ratenzahlung der Kaufsumme vereinbart worden war, blieb der Zirkus bis zur Zahlung der Restsumme formal Eigentum des Verkäufers. In gewisser Hinsicht kam Paula Busch den Strassburgers mit dem für sie so günstigen Kauf sogar entgegen, denn es gab keinen anderen Bewerber, und eine Beschlagnahmung des jüdischen Eigentums oder zumindest ein Konkurs des Unternehmens bei anhaltendem verordneten Boykott wären andernfalls unausweichlich gewesen. Paula Busch hatte nicht die Möglichkeit, den wahren Wert des Zirkus zu bezahlen, das hätte ihre finanziellen Mittel bei weitem überstiegen. Die Strassburgers hielten den freundschaftlichen Kontakt zu Paula Busch und auch zu Wacker aufrecht; Wacker wurde nach dem Krieg von Carl Strassburger zum Generalbevollmächtigten des Circus Strassberger in Deutschland ernannt.

Paula Busch bemühte sich, den Strassburgers anderweitig zu helfen. Sie brachte eine Gruppe von zwölf wertvollen Lipizzanern 1936 nach Belgien und übergab sie an Carl Strassburger. Die Tiere waren nicht im Inventurverzeichnis aufgeführt gewesen. In einem Brief an die Fachzeitschrift »Das Programm« schrieb sie 1947, daß der Kaufvertrag »die Möglichkeit bot, Material des Zirkus an Karl Strassburger und damit an die alten Herrschaften im Ausland zu übereignen. Auf diese Weise ist es möglich gewesen, Karl Strassburger z.B. die Einnahmen eines Gastspiels in Charleroy auszuhändigen; es war weiter möglich, für ihn ein Zelt und Tiere ins Ausland zu bringen und ihm dort zu übergeben. Damit war Karl Strassburger die Möglichkeit gegeben, ein neues Unternehmen aufzubauen.«[28]

Hans Strassburger

Die Strassburgers blieben trotz erzwungener Ausreise Deutsche. Und sie erhielten 1941 in Holland von der deutschen Wehrmacht die Genehmigung, sich aus der großen Zahl französischer Beutepferde ein paar Tiere auszuwählen. Adolf und Leopold Strassburger wohnten weiterhin in Krefeld, erst im Januar 1939 emigrierten sie nach Belgien. 1943 gastierte Hans Strassburger mit seinen Pferden im Breslauer Busch-Bau, er ritt gemeinsam mit Micaela Busch Hohe Schule. Und er wurde sogar zur deutschen Wehrmacht eingezogen, allerdings ohne Angabe von Gründen nach einem halben Jahr wieder entlassen. Später emigirierte er mit Micaela Busch nach Schweden.

Für Paula Busch war die Übernahme des Zeltzirkus der Strassburgers, den Emil Wacker in »alleiniger Gesamt-Geschäftsführung in Generalvollmacht von Paula Busch« leitete, der einzige Ausweg nach der Schließung des Berliner Baus. Es existierten nun zwei Betriebe: der Circus Busch (Inhaberin

Der Berliner Kleinzirkus Rudolf Busch in den zwanziger Jahren

Paula Busch) und die Circus-Busch-Berlin GmbH (Gesellschafter Paula Busch und Emil Wacker, Geschäftsführer Hans Köhler), die miteinander auch Verträge schlossen, z.B. über die Bespielung des Hamburger Hauses. Außerdem reiste als Namensvetter, aber nicht verwandt mit Paula Busch, im Berliner Raum der kleine Wanderzirkus Rudolf Busch. 1904 gegründet, wurde er im Zweiten Weltkrieg vernichtet, die Tochter Gertrud baute ihn mit Walter Ortmann als Zirkus International wieder auf und reiste noch einige Jahre in der DDR. Und es gab den Nürnberger Zirkus des Jacob Busch (auch er mit den Berliner Buschs nicht verwandt), zu dem Paula Busch immer geschäftliche Beziehungen pflegte, beispielsweise über Gastspiele in ihren Häusern. 1936 kam es allerdings, da nun zwei Zeltzirkusse Busch reisten, zu einem Prozeß zwischen Jacob Busch, Circus Busch und der Circus Busch GmbH, in dem die Rechte an der Namensführung geklärt werden sollten. Nach einjährigem Streit ergingen ein Kammergerichtsurteil und ein Vergleich, die die Firmierung und Werbung der beiden Firmen regelten. Jacob Busch, der aus einer Schaustellerfamilie stammte, hatte seinen Zirkus 1912 gegründet, das Unternehmen entwickelte sich rasch, vor allem, als er Ende der zwanziger Jahre die technische Einrichtung für Wasserpantomimen erwarb. Er firmierte nun als »Circus unter Wasser«, zeigte bis in die dreißiger Jahre als wohl einziger deutscher Zirkus Wasserpantomimen im Reiseunternehmen und gehörte zu den bedeutendsten deutschen Zeltzirkussen.

Paula Buschs Beziehungen zu Emil Wacker gestalteten sich kompliziert, die Partnerschaft beruhte weniger auf Sympathie als auf Notwendig-

Jacob Busch

keit: Wacker war ein gewiefter Zirkusmann und führte den Zeltzirkus Busch offenbar recht erfolgreich. Paula Busch hatte keinerlei Ambitionen, Prinzipalin eines Wanderzirkus zu sein. Ihre Domäne war das feste Haus, das Manegenschauspiel. In den dreißiger Jahren ging die Zahl der von ihr produzierten Schaustücke allerdings zurück: 1934 kam »Xaver der Wilddieb« (von Paul Lossow) zur Eröffnung des Hamburger Hauses heraus, danach »Um Deutschlands Kolonien«, 1940 folgten »Nena Sahib« (der Zeit entsprechend stramm anti-englisch) und »Buffalo Bill«, beide von Adolf Steinmann und in Zusammenarbeit mit Sarrasani. Daß Paula Busch ihren Manegenstücken durchaus auch eine politische Funktion beimaß, geht nicht nur aus ihren Bemerkungen über die »psychologisch richtige Betreuung der Heimatfront« im Ersten Weltkrieg hervor. In einer Denkschrift an Göring vom Februar 1937, in der sie ein letztes Mal versuchte, den Abriß des Berliner Hauses zu verhindern, erinnerte sie an die »glanzvollen Manegeschauspiele ... die meist historischen Inhalts, auch in den Zeiten politischer Verwirrung, der Aufrechterhaltung des nationalen Gedankens und Gefühls gedient haben.«[29]

Der Zeltzirkus Busch-Nürnberg

Ohnehin fühlte sie sich mehr als Schriftstellerin denn als Zirkusdirektorin, seit 1912 gehörte sie dem Deutschen Schriftstellerbund an. Insgesamt veröfffentlichte sie 23 Bücher, im Nachlaß finden sich sechs unveröffentlichte – teilweise unvollendete – Romanmanuskripte. Im Juli 1935 hatte in Hamburg ein Stück »Manege« (eine Bearbeitung des Schauspiels »Akrobaten«) mit Micaela Busch in der Hauptrolle Premiere. Es war das nachweisbar letzte Manegenstück von Paula Busch.

Micaela hatte sich in kurzer Zeit zum Star entwickelt. Der »Hamburger Anzeiger« schwärmte: »... Micaela Busch, die Allerweltskünstlerin, könnte schon allein ein ganzes Programm füllen. Ihre Hohe Schule ist scharmant ... Micaela aber kann mehr. Sie steppt und produziert sich als Akrobatin.«[30] Micaela Busch stand immer im Schatten der übermächtigen Mutter, blieb trotz aller eigenen künstlerischen Begabungen und Erfolge – sie widmete sich auch der Malerei – lediglich »die Tochter von Paula Busch«.

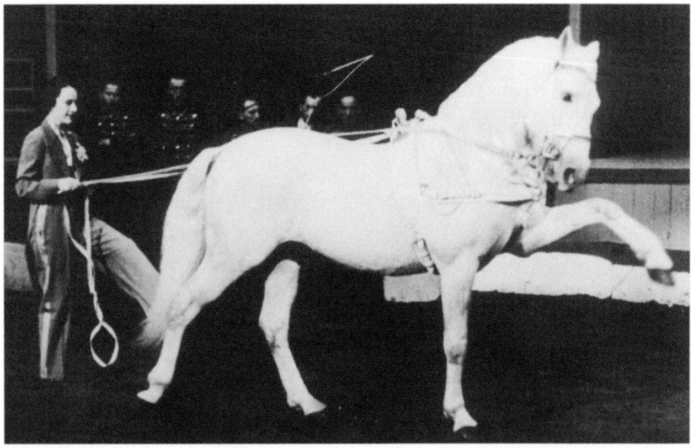

Micaela Busch mit einer Hohen Schule am langen Zügel

Wie ihre Mutter hatte Micaela wenig Glück mit der Ehe. Am 15. März 1937 wurde ihr Sohn Paul Michael geboren, ein Jahr später heiratete sie den Vater – Emil Wacker. Wacker stammte nicht aus einer Zirkusfamilie, er hatte, als Kaufmannslehrling, im Ersten Weltkrieg zur Aufbesserung des Taschengeldes im Nürnberger Apollo-Varieté als Platzanweiser begonnen und sich zum zweiten Direktor dieses Varietés hochgearbeitet. Als Mitgesellschafter des »arisierten« Betriebes Strassburger, den er als Direktor führte, konnte er durch die Heirat mit Micaela Busch seine Stellung festigen. Paula Busch war ohnehin auf ihn angewiesen, sie brauchte dringend die Einnahmen aus dessen Betrieb.

Der Zeltzirkus Busch-Berlin gastierte in Deutschland, so 1937 in Berlin am Fehrbelliner Platz, aber auch in Österreich – dort allerdings ohne geschäftlichen Erfolg, so daß die Reichsstelle für Devisenbewirtschaftung zur Deckung der Schulden einspringen mußte. Ein Italien-Gastspiel wurde abgelehnt, da bereits Jacob Busch dort reiste, einem Gastspiel in Schweden für 1941 zugestimmt; für die Genehmigung von Auslandsgastspielen war das Propagandaministerium zuständig. Ein Gastspiel 1939 in Bukarest verlief sehr erfolgreich, der Besuch durch den König von Rumänien wurde in der Presse weidlich ausgeschlachtet.

Busch-Berlin im Zweiten Weltkrieg

Circus Micaela Busch, wie sich die Zeltzirkus-GmbH nun nannte, konnte 1940 auf einen Reiserekord verweisen: 400 Städte und 15000 km in fünf Jahren! Ebenfalls 1940 beging Paula Busch ihr 25jähriges Berufsjubiläum. Bei einem Gastspiel des Circus Sarrasani in Breslau vereinbarten Paula Busch und Hans Stosch-Sarrasani jun. eine Interessengemeinschaft zum gemeinsamen Bespielen des Breslauer Hauses, die allerdings, bedingt durch den Kriegsverlauf, nicht zustande kam. Der Zeltzirkus begann im November 1940 sein Gastspiel im besetzten Paris, zuerst im Cirque Medrano, dann auch im Cirque d'Hiver. Der »Bayerische Anzeiger Regensburg« berichtete 1941: »Von Leipzig, dem letzten Gastspielorte der Zeltspielzeit 1940, wurde der gesamte Tierpark des Unternehmens mit dem Stammpersonal in einem Sonderzuge nach Paris befördert, um in den beiden weltbekannten Winter-Manegen eingesetzt zu werden, die infolge der Kriegsereignisse verwaist waren und zu verwahrlosen drohten ... Unseren Soldaten in den entferntesten Räumen des Großdeutschen Machtbereiches Freude und Entspannung vom harten Dienst zu bringen, betrachtete der Berliner Zirkus Busch unter der Leitung von Direktor Emil Wacker seit Kriegsbeginn als seine besondere Aufgabe und bewies dies durch eine hervorragende Einsatzfreudigkeit. Als erster deutscher Zirkus wurde er vom Amt des Generalgouverneurs im Sommer vorigen Jahres mit einer Tournee durch sämtliche Städte der besetzten Ostgebiete betreut ... Über elftausend Kilometer Sonderzugreisen im Kriegsjahre 1940/41 – mehr als das Doppelte des sonstigen Durchschnitts – sind der Maßstab für eine erstaunliche und besonders von der Feindwelt nicht erwartete Leistung deutschen Organisationswillens ...«[31] Neben dieser lukrativen Frontbetreuung, die durch die Wehrmacht bezahlt wurde, gastierte der Zeltzirkus Busch u.a. auch in Breslau mit einem 6000-Personen-Zelt, danach reiste er nach Berlin.

Programmheft des Zeltzirkus Busch Ende der dreißiger Jahre

Jerôme Medrano, der Besitzer des Pariser Cirque Medrano, hatte nach der Besetzung der französischen Hauptstadt durch die Deutschen seinen Bau »für die Dauer der Feindlichkeiten« an den Schweizer d'Audiffred verpachtet, um so die Aneignung seines Zirkus durch die Deutschen zu verhindern. Doch d'Audiffred biederte sich bei den Besatzern an, und diese holten zwecks »Frontbetreuung« den Berliner Circus Busch in die beiden Pariser Festbauten (der zweite, der Cirque d'Hiver, gehörte der Zirkusfamilie Bouglione). Medrano löste daraufhin das Pachtverhältnis mit dem Schweizer und erreichte, daß er sein Haus wieder selbst übernehmen konnte. In seinen Memoiren berichtet er: »Eines schönen Tages ließ mir Paula Busch, die Besitzerin des Zirkus Busch, die den Zirkus Medrano leitete und dessen Direktor ihr Schwiegersohn Emil Wacker war, ausrichten, daß ich sie doch in ihrem Büro (das war ja mein Büro!) aufsuchen sollte. Sie empfing mich im Stehen, nur um mich um die Verlängerung der ›Verpachtung‹ des Zirkus zu ersuchen. Tatsächlich hatte mich die provisorische Verwaltung auf meine Bitte hin, meine Geschäfte nach Ablauf des Pachtvertrages wieder in die eigenen Hände nehmen zu wollen, wieder in mein Amt als Direktor eingesetzt und sich zurückgezogen. Ab jetzt war ich es, den Frau Busch und Herr Wacker brauchten. Eigentlich überflüssig zu sagen, daß ich trotz wundersamer Versprechungen eine Fusion mit dem Zirkus Busch ablehnte ... Ende Februar verließ die Firma Busch also den Zirkus Medrano.«[32]

1942 wurde die Ehe von Micaela und Emil Wacker geschieden, Wacker trat im Folgejahr als Gesellschafter aus der Firma aus und wurde mit beträchtlichen Anteilen aus dem Zirkusbetrieb abgefunden: eine komplette Löwengruppe (Wert ca. 50000 RM), Trubkas Tigergruppe (Wert ca. 30000 RM), ein 16er Zug Freiheitspferde, 6 Schulpferde, eine Dressur Groß und Klein (Pferd und Pony), eine Hundenummer, die Hälfte aller Ponys, Kamele, Affen, Büffel, Ziegen, Schafe und Tierschau-Raubtiere. Wacker baute sich einen eigenen Zirkus Apollo auf, mit einem Reisebetrieb und später außerdem einem festen Haus in Prag, daneben besaß er ein Apollo-Varieté in Leipzig (das vormalige Battenberg-Theater). Im Jahr 1943 reiste Wacker noch als Circus Busch-Berlin, so daß es zu der Zeit Premieren in drei Zirkussen Busch-Berlin gab: von Paula Busch in Hamburg, von Micaela Busch in Breslau, wo sie ihr zehnjähriges Manegenjubiläum feierte, und von Emil Wacker in Hannover.

Der Cirque Medrano in Paris

Im Sommer 1944 wurde Emil Wacker wegen eines »Kriegswirtschaftsvergehens« verurteilt. Dazu eine Aktenmitteilung der Reichstheaterkammer vom 16. August 1944: »Der Besitzer des Zirkus Apollo, Dir. Wacker, hat, nachdem er in Leipzig Totalschaden erlitten (Ausbombung des Apollo-Varietés – d.Verf.), im Einverständnis mit dem Deutschen Staatsminister in Böhmen und Mähren in Prag den Holzzirkus Apollo erbaut. Die gesamten Materialien hat er ordnungsgemäß erhalten, lediglich fehlte es ihm an Treibstoff, um das Material, das 20 km von Prag entfernt lagerte, nach Prag zu überführen. Diesen Treibstoff hat er auf dem schwarzen Markt durch den Garagenmeister des Hotels Astoria erstanden. Die Angelegenheit ist bekannt geworden, Direktor Wacker wurde am 3. Juni d.J. von der Geheimen Staatspolizei verhaftet. Bei dem Benzin handelte es sich um Treibstoff, der bei der Luftwaffe gestohlen worden war. Die fünfköpfige Diebesbande wurde zum Tode verurteilt, Wacker erhielt eine Strafe von 5 Jahren Zuchthaus. Der Deutsche Staatsminister für Böhmen und Mähren hat den Aufbau des Zirkus außerordentlich begrüßt und bedauert es, daß Wacker durch seine Verfehlungen nicht in der Lage ist, ihn zu leiten. Es besteht in Prag die Absicht, auf dem Gnadenwege für Wacker tätig zu werden und zu versuchen, eine Aussetzung der Strafe zumindest für Kriegsdauer zu erreichen. Dr. Leuner ist generalbevollmächtigt und von ORR Oehmke mit einer vorläufigen Konzession versehen worden. Die Fachschaft Artistik will den Zirkus auf Wunsch der Prager Stellen erhalten, zumal ein Erbe vorhanden ist.«[33]

Emil Wacker (links)

Die Reichstheaterkammer hatte am 12. August »die Einziehung des Zirkusses als reichsfeindliches Vermögen und die Bestellung eines Treuhänders zur Liquidierung des Zirkusses im Zuge der Reduzierungen im Hinblick auf den totalen Kriegseinsatz«[34] empfohlen. Ein Vermerk vom 5. Oktober erläuterte: »Dr. Leuna (= Leuner) ruft am 5. Oktober an und teilt mit, dass er unter Zuhilfenahme eines Anwaltes klargestellt habe, dass der im Reiche befindliche Zeltzirkus nicht dem Wacker, sondern dem Zirkus Busch gehöre und dessen Eigentum sei. Die Vermögensbeschlagnahme kann sich daher nicht auf diesen Zeltzirkus erstrecken, und Leuna hat bereits veranlasst, dass Busch in Ausübung seines Eigentumsrechtes den Zirkus sicherstellt.«[35] Unklar ist, ob der Zeltzirkus Apollo oder der ehemalige Zirkus Strassburger, später Busch-Berlin GmbH, später Micaela Busch-Berlin gemeint war. Der Zeltzirkus Apollo reiste zu dieser Zeit – trotz Wackers Verhaftung – in Oberschlesien.

Der Prager Apollo-Bau, am 3. Mai 1944 eröffnet, wurde ebenfalls nach Wackers Verhaftung weiter bespielt, im Juni fand hier »die erste außerdresdner Premiere der großen Original-Sarrasani-Revue ›Durch die Welt im Zirkuszelt‹ ... in Anwesenheit der Verfasserin, Frau Dir. Trude Sarrasani und ihres künstlerischen Direktors, Gabor Nemedy, unter der Leitung des Intendanten Adolf Steinmann«[36] statt. Der Zirkusbau in Prag wurde nach dem Krieg von Vojtech Trubka, der bei Busch und später Apollo die Gruppe Bengaltiger vorführte und tschechischer Staatsbürger war, als »Circus Letna« noch zwei Jahre weitergeführt, dann wurde der Holzbau Opfer einer Brandstiftung.

Nach dem Krieg versuchte Emil Wacker einen Neubeginn, erhielt aber vorerst keine Lizenz (wie auch andere Zirkusdirektoren, beispielsweise Krone oder Hagenbeck, deren »Entnazifizierung« nicht so problemlos wie bei Paula Busch vonstatten ging). So fungierte er als Geschäftsführer eines Circus Hermann Schickler – wobei das gesamte Material des großen Viermastenzirkus Eigentum von Wacker war –, bis er 1947 wieder als Direktor eines Unternehmens unter dem Namen Circus Apollo auf die Reise gehen konnte. Circus Apollo gehörte bis in die fünfziger Jahre zu den bedeutendsten deutschen Zirkusunternehmen, zeitweilig reiste sogar ein Zweitgeschäft unter dem Namen »Hansa«. Nach einer Tournee durch die Türkei und Italien mußte der Zirkus Apollo im Mai 1955 schließen. Wacker versuchte daraufhin mit seinem in Österreich eingelagerten Zweitgeschäft einen neuen Start, und so gab es noch drei Jahre lang einen Circus Apollo, allerdings nun unter der Direktion von Helene und Hans Kossmayer, Wacker fungierte nur noch als künstlerischer Leiter. Nach seinem Ausscheiden baute er 1959 in Wien mit seiner Frau Margarete eine Artistenagentur auf, und er war Initiator und Leiter der Hallenschau »Artisten – Tiere – Attraktionen« in der Wiener Stadthalle.

Während Wacker 1943 mit dem Zeltzirkus Apollo reiste und in Leipzig das Battenberg-Theater in das Apollo-Varieté umwandelte, begann der Varieté-Unternehmer Haßlach im Hamburger Busch-Bau im Juni mit einem Varietéprogramm, das auf mehrere Monate geplant war. Am 25./26. Juli wurde bei einem Bombenangriff auf Hamburg auch das Zirkusgebäude zerstört, mit ihm der große Kostümfundus und das Archiv. Nur die wenigen

Gilbert Houcke mit seiner Tigergruppe

Schriftstücke und Erinnerungen an den Circus Busch, die sich in Paula Buschs Berliner Wohnung befanden, überstanden den Krieg.

Micaela Busch spielte im November 1943 in Breslau »Manege frei«, anschließend ging sie mit einigen Tiergruppen (darunter 40 Pferde, die Tigergruppe der Dresseure Houcke und drei Elefanten) nach Schweden, um ihrer Verhaftung durch die Gestapo zuvorzukommen. Ihre Privatsekretärin hatte sie bei der Gestapo wegen Begünstigung von Juden angezeigt. Die Flucht gelang auf abenteuerliche Weise, vermutlich haben die bei Busch engagierten Houckes, die neben der französischen die schwedische Staatsbürgerschaft besaßen, dabei mitgewirkt. In Schweden baute Micaela Busch im Furoviks-Park in Gävle einen Kinderzirkus auf. Sie heiratete den Rekord-Schwimmer Sven Gerhold und erhielt durch diese Ehe, die bald wieder geschieden wurde, die schwedische Staatsangehörigkeit. Auf diese Weise konnte sie nach Kriegsende die Tiergruppen vor der Beschlagnahme durch die Alliierten als im Ausland befindliches deutsches Eigentum retten. Anderen deutschen Zirkussen, wie etwa Hagenbeck, die Dressurgruppen »vorausschauend« ins Auslandsengagement gegeben hatten, gelang das nicht. Gemeinsam mit Hans Strassburger führte Micaela Busch nach dem Krieg den Zirkus Suecia, ein Unternehmen mit Tiergruppen ohne eigenes Zelt.

Die Zirkusse spielen – bis zum bitteren Ende

Nach der Zerstörung des Hamburger Zirkusbaus blieb Paula Busch nur noch Breslau. Hier beging sie 1944 das 60. Jubiläum des Circus Busch. Und der Zirkus spielte weiter, trotz aller Einschränkungen und Schließungen im Kulturbereich infolge des »totalen Kriegseinsatzes«.

In der letzten Ausgabe der Fachzeitschrift »Die Artisten-Welt« (»Im Zuge der durch den totalen Krieg bedingten Konzentrationsmaßnahmen auf dem Gebiet der Presse stellt unsere Zeitschrift ›Die Artisten-Welt‹ mit dem 30. September 1944 das Erscheinen für die Dauer des Krieges ein.«) teilte die Reichskulturkammer mit: »Der Generalbevollmächtigte für den Arbeitseinsatz (hat) eine Verordnung erlassen. Sie bestimmt, daß alle den Einzelkammern der Reichskulturkammer angehörenden Männer und Frauen sowie alle sonstigen Personen, die durch die Einschränkung des gesamten deutschen Kulturlebens von ihrer bisherigen Berufstätigkeit freigestellt werden, sich bis zum 15. September 1944 bei dem für ihren Wohnort zuständigen Arbeitsamt zu melden haben.« Die Fachschaft Artistik meldete: »Die Artistik ist zum totalen Kriegseinsatz eingerückt.« Die KdF-Truppenbetreuung wurde eingestellt.[37]

Programmheft von 1942

Die wenigen verbliebenen Zirkusse spielten weiter, offenbar war ihnen die Funktion zugedacht, die »Heimatfront« vom immer prekärer werdenden Kriegsverlauf durch »circenses« abzulenken. Reichspropagandaminister Goebbels hatte frühzeitig erkannt, daß gerade die Unterhaltungskunst eine »staatspolitisch wichtige«, ja eine »kriegswichtige« Angelegenheit war: »Je dunkler die Straßen sind, desto heller sollen unsere Theater und Kinosäle im Lichterglanz erstrahlen ... Je schwerer die Zeit ist, desto leuchtender muß sich über ihr die Kunst als Trösterin der Menschenseele erheben.«[38] Der Zirkus eignete sich, wie auch der Film, besonders gut als »Trösterin« und Traumwelt: »Die Artistenwelt war das bevorzugte ›Fluchtgebiet‹ des unpolitischen Films.«[39] Noch Ende Januar 1945 befand Ministerialdirektor Hinkel, Vizepräsident der Reichskulturkammer, über die Gagenhöhe »der weiter in Zirkusbetrieben auftretenden Artisten« und stimmte zu, daß die Gagenreduzierungen nur gering ausfallen dürften, da »bei der beschränkten Zahl der

Zirkus Sarrasani in Dresden

weiterhin offen gehaltenen Zirkusse nur mit einem Engagement von 6 bis 7 Monaten im Jahr zu rechnen sei.«[40] Es wurde also davon ausgegangen, daß auch im Jahr 1945 eine gewisse Anzahl Zirkusse weiterspielen würden – trotz totalem Krieg, trotz Rückzug an allen Fronten.

Im November 1944 wurden von der Reichstheaterkammer als zugelassene Zirkusse (mit festen Häusern) erfaßt: Busch-Berlin in Breslau, Jacob Busch in Chemnitz (nach der Zerstörung des Magdeburger Baus im September 1944), Hagenbeck in Wien (im Ronacher-Varieté), Krone in München, Sarrasani in Dresden, Apollo in Prag. Daneben reisten noch verschiedene kleinere Zeltzirkusse wie Aeros, Belli und andere. Der Münchner Krone-Bau wurde durch einen Bombenangriff am 21. Dezember 1944 zerstört. Der letzte feste Zirkusbau in Deutschland, der von Sarrasani, wurde beim Luftangriff auf Dresden am 13. Februar 1945 in Schutt und Asche gelegt. In den Flammen kamen auch Tiergruppen um, die andere Zirkusse im vermeintlich sicheren Dresden bei Trude Sarrasani untergestellt bzw. ins Engagement gegeben hatten, darunter Pferde von Paula Busch.

Paula Busch glaubte nicht an den »Endsieg«, aber sie glaubte unbeirrt an den Zirkus. In Frankreich hatte sie einen transportablen Holzzirkus mit 3000 Plätzen bauen lassen, der den Hamburger Bau ersetzen sollte. Doch nur ein Teil davon kam in Breslau an, der größere Teil wurde bei Straßburg durch einen Bombenangriff auf den Transportzug vernichtet. Paula Busch registrierte einen Verlust von 1,5 Millionen Reichsmark. Hatte sie bis 1933 in ihren Schreiben an die Finanzbehörde stets beteuert, mit ihrem Zirkus nur Verluste zu verzeichnen, listete sie im Fragebogen der Nachrichtenkontrolle der Militärregierung Deutschlands nach dem Krieg für die Jahre 1936–1945 jährliche Reingewinne zwischen 24000 und 79000 RM auf, seltsamerweise sogar für 1945 einen Gewinn von 61000 RM.

Im gleichen Fragebogen bejahte sie, daß sie »auf Grund Ihrer politischen Überzeugung ... von den Nazis verfolgt worden« war und »den Nazis auf irgendeine Weise Widerstand geleistet« hatte, auch daß »die Mitgliedschaft in der Kulturkammer ... aufgehoben worden« war und erklärte in einer Anlage dazu: »In Breslau wurde ich im Oktober, November und Dezember von der Gestapo verfolgt und tagelang verhört wegen Abhörens des englischen Senders und Beschäftigung von Mischlingen und einer Volljüdin im Circus Busch. Mitgliedsschaft seitens der Reichskulturkammer, Fachschaft Artistik, sollte mir für 1945 wegen vorgenannter Gründe entzogen werden.«[41] Ursache für die Verhöre könnte ein anonymes Schreiben gewesen sein, das am 23. November 1944 bei der Gestapo in Breslau einging:

»Abschrift
Abgeschrieben am 17. Januar 1945 in meinem Breslauer Büro, wo der Kripobeamte auf unseren Maschinen Schriftproben von Frl. Schneider anfertigen liess, und ich Einsicht in das bei der Gestapo, Breslau, am 23. Nov. 1944 eingegangene Pamphlet erhielt. –

Betrifft den Judencircus Paula Busch
Wenn Sie sich die Inhaberin dieses Judencircusses unter die Lupe nehmen, werden Sie eine der grössten Kriegsverbrecherinnen finden. Aber die Kleinen hängt man und die Grossen lässt man laufen.

Ein gleiches Schreiben haben wir auch an die Fachschaft Artistik Berlin, Blumeshof 6 gerichtet. Wir sind aber überzeugt, dass Frau Paula Busch alle hier vorgebrachten Anschuldigungen bei der Fachschaft mit einer graziösen Handbewegung abtun wird. Sowie aber das Verfahren bei Ihnen ins Rollen kommen wird, werde ich meinen Namen nennen. Übrigens können alle Circusangestellte bis zu den Garderobenfrauen meine Angaben bestätigen:

1.) Der Jude Strassburger ist mit Micaela Busch nach Schweden geflüchtet.
2.) Die Gouvernante des kleinen Paul, Hanni Rieske, hat mit einem französischen Kriegsgefangenen ein Verhältnis unterhalten. Frau Paula Busch hat dieselbe nach Schweden gebracht, um die Folgen dieser Liebschaft beseitigen zu lassen.
3.) Die Jüdin Sander ist immer noch im Betrieb und bekleidet dort eine der grössten Vertrauensstellungen.
4.) Die Erpresserin Haase kommt trotz ihrer Entlassung immer noch nach Breslau. (Stimmen vielleicht die Bücher nicht?)
5.) Es sind zwei Geschäftsführer vorhanden, was in der heutigen Zeit staatsfeindlich ist, ein Deutscher und ein Schweizer. Ausserdem sind zwei Kapellmeister engagiert, ein Tscheche und ein Deutscher. Der deutsche Kapellmeister, Herr Taubert, ist zu unrecht reklamiert worden und gehört an die Front.

6.) Der Halbjude, Herr Manneberg, kommt noch allabendlich auf der Hintertreppe in die Privatwohnung der Frau Busch, um mit ihr nachts den englischen Sender zu hören.
7.) Frau Lotte Vitzky, deren Mann in Untersuchungshaft sitzt, ist noch immer im Circus beschäftigt.
8.) Fräulein Schneider, die Privatsekretärin, hat ein Verhältnis mit einem tschechischen Arbeiter.
9.) Frau Paula Busch hat sich in Hirschberg für einen Kameradschaftsabend 50 Flaschen Wein und 400 Cigaretten geben lassen. Der Kameradschaftsabend hat nicht stattgefunden. In welche Kehlen ist der Wein geflossen?

Zu Punkt 1 – 9 bestätige ich hierdurch an Eidesstatt, dass dieselben auch bei der Fachschaft Artistik im Herbst 1944 eingegangen sind.

Berlin-Spandau, den 10. Mai 1946
Viktoriaufer 22. gez. L. H. Holzinger«[42]

In einem Lebenslauf, den Paula Busch am 7. Oktober 1945 verfaßte, erklärte sie: »Inwieweit ich mich antifaschistisch betätigt habe und wie mein Kampf gegen die Nazis sich gestaltete, darüber geben beiliegende Zeugenausagen (nicht mehr vorhanden – d. Verf.) des Dr. Weiskam, des Artistenagenten Robert Wilschke, des Journalisten Alo Locher und seiner Schwester Valentine, der Frau Holzinger, einstige Referentin der Reichstheaterkammer, der Frau Ella Haase, des Herrn Alfred Günther, des Herrn Dr. Manneberg und des Frl. Elly Cador Bescheid sowie Adolf Steinmann. Wenn ich mit Hamburg, Breslau und dem Auslande in Verbindung treten könnte, würde ich noch ungezählte Zeugenaussagen Verfolgter beibringen können, denen ich geholfen habe. Auch der Fall Circus Strassburger, Holland, gehört hierher. Mein Leben und mein einst so freudiges Schaffen waren in den letzten 12 Jahren eine Sisiphusarbeit unter beständiger Bedrohung durch die Gestapo. Ebenso ist es meiner Tochter Micaela ergangen, die nach Schweden fliehen musste. Noch im Herbst und Winter 1944 wurde ich in Breslau von der Gestapo beständig bedrängt und wäre bestimmt noch der Klique zum Opfer gefallen, wenn ich nicht am 22. Januar 1945 aus Breslau mit meinem lebenden Material evakuiert werden musste. Zeugnis des Dr. Manneberg und des Frl. Cador (Siehe auch Aktenmaterial). Ich habe niemals das Parteiabzeichen getragen, ich habe nie mit ›Heil Hitler‹ gegrüßt, ich habe trotz vielfacher Mahnungen der Partei (nie) das Bild Hitlers oder irgend eines Bonzen in meinem Circus aufgehängt. Zeugnis aller Betriebsmitglieder oder der bei mir beschäftigt gewesenen Artisten. Ich habe auch nie eine geldliche, oder andere Unterstützung seitens der Partei erhalten. Es ist lediglich bei dem Eintrittsantrag verblieben, ohne dass die Mitgliedschaft erworben worden ist. Ich habe kein Buch ausgehändigt erhalten und bin daher auch nicht, wie das bei solchen Gelegenheiten üblich war, vereidigt worden.«[43]

Paula Busch wiederholte hier auch die Angabe, daß sie lediglich auf die Drohung hin, den Berliner Bau wegen baulicher Mängel zu schließen, was sie nur durch Eintritt in die NSDAP verhindern könne, im Oktober oder November 1933 eingetreten sei. Der Mitgliedsausweis (mit Paßbild) mit Eintrittsdatum 1. Mai 1933 belegt, daß diese Angabe nicht der Wahrheit entsprach. Es steht aber fest, daß sie in ihrem Zirkus jüdische Mitarbeiter beschäftigte, so Käte Behrens, Frau Taubert, die Frau des Kapellmeisters, die Familie Wolf, auch Steinmann war wohl zumindest Halbjude.[44]

Als am 20. Januar 1945 Gauleiter Hanke Breslau zur Festung erklärte, mußte auch der Circus Busch, der weisungsgemäß bis zu diesem Tage gespielt hatte, die Stadt verlassen. Paula Busch gelang es, mit ihren Zirkusleuten auch französische Fremdarbeiter und andere gefährdete Personen (wie Dr. Kurt Manneberg, ein Breslauer Zahnarzt, der als Halbjude galt und seit langem mit Paula Busch befreundet war) aus der »Festung« Breslau herauszubringen. Paula Busch hatte ihre Tiere vom Winterquartier in Mühlatschütz bereits Anfang Januar nach Warmbrunn zum Gut des Grafen Schaffgotsch

Hermann Ullmann mit den Pferden von Jacob Busch bei Paula Busch

evakuieren lassen. Statt ihrer Tiere traten in Breslau die Pferde des ausgebombten Jacob Busch auf. »Hinter den zugenagelten Toren bleiben zwei komplette Zelte mit zugehörigen Sitzeinrichtungen liegen. Bleiben die Wohnungseinrichtungen von Mutter und Tochter stehen mitsamt unersetzlichen Familienerinnerungen. Der ganze, wegen Treibstoffmangel stillgelegte Wagenpark mit einem Dutzend PKW, LKW und mit vielen Traktoren kann vor dem plötzlich drohenden Durchbruch der Russen nicht mehr abtransportiert werden. Die Russen werden einen Fundus von fünftausend wertvollen Kostümen und Zirkusuniformen vorfinden, werden mit unsrem Sattelzeug eine ganze Kavallerieschwadron ausrüsten können.«[45]

Das Winterquartier des Circus Busch in Mühlatschütz (ca. 30 km östlich von Breslau) umfaßte eine Villa, ein Leutehaus mit zwanzig Zimmern, Schmiede, Wagenremise, Probierhalle und Stallungen. Im flüchtlingsüberfüllten Warmbrunn am Fuße des Riesengebirges, wo man die Busch-Karawane anfangs mit saurer Miene empfing, konnte der Zirkus bis Ende Juni 1945 bleiben. »Pferde und Wagen nimmt das Schloß des Grafen Schaffgotsch auf. Wir bleiben in der Stadt und erhalten sogar Lebensmittelkarten ... Allmählich habe ich eine ganze Hamsterorganisation zur Ernährung meiner siebzig Pferde aufgebaut ...«[46] Nach dem Einmarsch der Russen spielte der Circus Busch vor den Besatzungstruppen im Kurtheater und im Stadttheater von Hirschberg, die Zirkusbegeisterung der Russen half den Zirkusleuten und ihren Tieren über die schweren Wochen der ersten Nachkriegszeit. Doch diese scheinbar friedliche Situation wurde jäh beendet, als das Gebiet östlich der Neiße Polen zugesprochen wurde.

»Am nächsten Morgen schickt mir der Sowjetmann ein Schlachtpferd für unsere Verpflegung, und dann kommt er selbst aus Hirschberg, seiner Residenz. Sein Gesicht ist noch verschlossener als sonst. Er wünscht mich allein zu sprechen: ›Du, Frau – gehen!‹ Ja, ich soll schnellstens verschwinden, er kann mich nicht mehr schützen ... Auf dem Tisch liegt eine wohlgestempelte Bescheinigung: ›Die gesamte Habe des Circus Busch steht unter dem Schutz der sowjetischen Besatzungsmacht und kann nach Görlitz verbracht werden.‹ Vor unsrem Haus nagelt polnisches Militär Zettel an die Bäume: ›Bis morgen, den 2. Juli 1945, haben alle Deutschen die Stadt Warmbrunn zu verlassen. Es dürfen bis zu zwanzig Kilo Gepäck mitgenommen werden.‹ 44 Personen, 63 Pferde, 4 Kamele müssen jetzt zu einem Lauf ums Leben starten. Denn amtlich wird verkündet: Ab Montag, den 9. Juli 1945, wird die Neißebrücke in Görlitz für jede Rückwanderung gesperrt. Und heute ist der

5. Juli ... Wir wissen, daß die Landstraßen mit Bombentrichtern übersät, daß die Dörfer und Scheunen leer sind. Und es ist uns bekannt, daß unser Reiseziel Görlitz der Schauplatz namenlosen Elends ist. Hunger und Typhus warten auf uns ... Im Stall tritt ein zerlumpter Mensch auf mich zu und bittet, als Treckgenosse mitgenommen zu werden. Es ist Fabian, ein alter Kutscher von unsrem Gut Mühlatschütz. Mit eigenen Augen hat er gesehen, wie in den ersten Tagen des Februar unser Winterquartier von den Russen ausgeräumt und dann dem Erdboden gleichgemacht worden ist. Und am 5. April 1945 hat er vor dem lichterloh brennenden Circus Busch gestanden.«[47]

Als »Circo Internazionale« schlug sich Paula Busch mit dem Rest ihres Unternehmens bis nach Görlitz durch, wo sie einige Wochen blieb und im Varieté »Scala« ein Gastspiel gab. Doch die Grenzstadt war von Flüchtlingen überfüllt und stand am Rand einer Katastrophe. So brach der Zirkus im August nach Berlin auf. »Also wieder Landstraße, wieder hinaus in das Nichts. In nervöser Ungeduld rückt ein kleiner Trupp Artisten schon vor uns ab. Mir überläßt man die Sorge um unser einziges Betriebskapital für die Zukunft: die wertvollen Schul- und Freiheitspferde. Luftlinie Görlitz-Berlin: keine 200 Kilometer. Wir werden über 350 Kilometer fahren und tippeln müssen. Bombentrichter wechseln mit schlecht aufgefüllten Panzergräben, viele Ortschaften haben sich abgeriegelt: ›Hier herrschen Cholera und Typhus! Betreten des Ortes verboten!‹«[48] – Am 17. September traf der Treck des Circus Busch in Berlin-Marienfelde ein.

Paula Busch mit den Überresten ihres Unternehmens auf dem Treck

1945 – 1998 Von der Arena Astra zu Busch-Roland

Die Nachkriegszeit

Als Paula Busch im September 1945 mit ihrem Treck mit 52 Pferden, 10 Exoten, 12 Wagen und 40 Mitarbeitern in Berlin eintraf, erschien die Lage hoffnungslos. In der zerbombten Stadt gab es keine Spielmöglichkeit für einen Zirkus, für die verbliebenen Pferde und Exoten aber mußte Futter herangeschafft werden. Stallungen fanden sich in der Schirwindter Allee in Charlottenburg. Die Situation blieb über Monate verzweifelt.

In ihrem Memoirenbuch »Spiel meines Lebens« beschreibt Paula Busch die schwierige Situation: ›18.11.1946. Das Futter für die einundfünfzig Pferde reichte bis gestern früh. Jetzt fressen sie nur noch Stroh. Ich sitze bei den hungrigen Pferden und weine. Wenn die Engländer mir kein Futter bewilligen, nehme ich eine Axt und erschlage die Tiere. Und dann ab ins Gefängnis.‹ Leere Futtertröge und am Rand der Verzweiflung – so sah das Fazit meiner ersten Zirkussaison aus, deren Vorstellungen von den halbverhungerten Berlinern gestürmt worden sind, als ob wir markenfreie Koteletts zu verkaufen hätten.«[1]

Artistengepäck im zerstörten Haus Vaterland

Denn er spielte wieder, der Circus Busch. Am 3. Juli 1946 hatte die »Astra-Schau-Arena« im Zoologischen Garten Premiere, auf einem freien Platz zwischen dem erhalten gebliebenen Affenhaus und den Trümmern des Antilopenhauses, nicht mehr als eine offene Arena. Erst 1947 konnte Paula Busch im Zoo in einem von Aeros gemieteten Zelt spielen. Auch das Programm war noch sehr bescheiden, aber die Zuschauer strömten herbei, wollten für kurze Zeit den Alltagssorgen entfliehen, sich amüsieren – Nachholbedürfnis nach den Kriegsjahren, aber auch Flucht aus den erdrückenden Problemen der unmittelbaren Nachkriegszeit.

Während Circus Busch in Berlin noch unter freiem Himmel spielte, arbeitete in Hamburg der Architekt Wilhelm Timm Pläne für einen Festbau Circus Busch-Hagenbeck aus, der allerdings nie verwirklicht wurde (die Pläne befinden sich heute im Stadtmuseum Berlin). Für die Astra-Schau-Arena hatte Paula Busch vorerst keine Lizenz, als ehemaliges Mitglied der NSDAP mußte sie erst ein Rehabilitierungsverfahren durchlaufen. So beantragte im Mai 1946 ihr einstmaliger technischer Direktor François Maisonneuve, der 1934 Deutschland verlassen mußte und in Paris eine Artistenagentur und ein Cabaret besaß, die Genehmigung zum Betreiben der Schau-

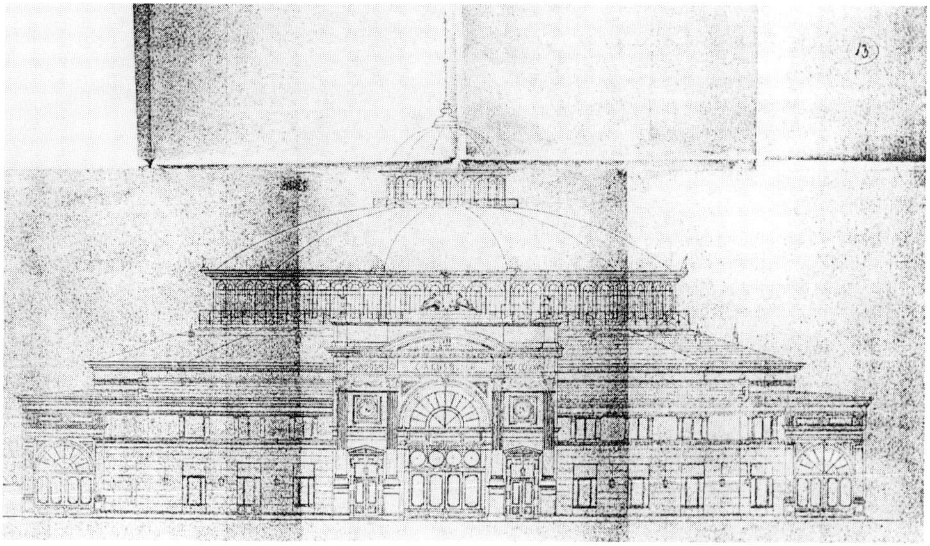

Entwurf für einen Zirkusbau Busch-Hagenbeck in Hamburg

Arena. Die IAL und das Theaterdezernat lehnten ab: »›Der Arbeitsausschuss der Berufsgruppe Artistik beim städtischen Theaterdezernat lehnt die Befürwortung des Antrages des Herrn François Maisonneuve auf Zulassung ab, da die Person des Antragstellers nicht die notwendige Gewähr bietet für ordnungsgemässe Durchführung der geplanten Veranstaltungen. Ausserdem liege durch langjährige Verbindung mit Paula Busch, mit deren Material die Schau aufgezogen werden soll, die Vermutung der beabsichtigten Tarnung offen zutage.‹ Die IAL, vertreten durch die Herren Fuchs, Theilon und Van de Velde gaben diese Erklärung ebenfalls gesondert ab. Weiter konnte das Ausschuss-Mitglied Van de Velde berichten, dass Colonel Mander von der britischen Militär-Kommandantur, Alt-Moabit 90, es ablehnte, einem Franzosen die Konzession zu geben, wohl (aber) einem britischen Fachmann. Van de Velde, der britischer Staatsbürger ist, lehnte das Ansuchen der Frau Busch ab, hierfür seinen Namen herzugeben.«[2]

Schließlich wurde die Arena unter der Treuhänderschaft von Frau Lila Weiskam (aus dem Rechtsanwaltbüro Weiskam) betrieben. Für 1947 stellte Paula Busch erneut einen Zulassungsantrag, nachdem am 19. Februar die treuhänderische Verwaltung ihres Betriebes durch den Custodian der Britischen Militärregierung für das Vermögen der NSDAP und ihrer Mitglieder aufgehoben worden war. Vorausgegangen war ihr Entnazifizierungsverfahren, das im September 1946 eingeleitet worden war. »Vor der Entnazifizierungskommission für Kulturschaffende beim Magistrat der Stadt Berlin in der

Vorführungen in der Arena Astra im Berliner Zoo, 1946

Schlüterstraße wurden am Freitag Anträge bekannter Berliner Künstler verhandelt. Der Kommisssion stellten sich unter anderem der Solotänzer Jockel Stahl und die Direktorin des früheren Zirkus Busch, Paula Busch ... Frau Busch verwickelte sich anfangs in Widersprüche über ihr Eintrittsdatum in die NSDAP im Jahre 1933. Auch sie erklärte, unter Druck in die Partei eingetreten zu sein, um ihr altes Unternehmen zu retten, da die Nazis und besonders der berüchtigte ehemalige Oberbürgermeister von Berlin, Lippert, sich alle Mühe gegeben hätten, sie und ihren Zirkus zu ruinieren. Nur durch ihren Eintritt in die Partei hatte sie geglaubt, ungehindert arbeiten zu können. Ohne über das Eintrittsdatum völlige Klarheit erlangt zu haben, schritt die Kommisssion zur Vernehmung der zahlreichen Zeugen. Auch hier ergab sich, daß die Appellantin in großzügiger Weise, oft unter eigener Lebensgefahr, ihren jüdischen Mitarbeitern geholfen hatte. Durch vorliegende Dokumente und die Aussagen der Zeugen wurde bewiesen, daß sie ständig eine antinationalsozialistische Haltung gezeigt hat. So hat sie zum Beispiel ihrer Tochter, die einer kommunistischen Jugendbewegung angehörte, niemals Schwierigkeiten gemacht, und einem Herrn Friedländer, der als Jude Deutschland verlassen mußte, stellte sie die gesamten Einnahmen eines Auftretens in Dänemark zur Verfügung. Sie hat auch ständig mit großen Geldbeträgen unter Umgehung der Devisenbestimmungen rassisch Verfolgte un-

Ankunft des Zirkus Holzmüller im zerstörten Berlin auf dem Güterbahnhof Wilmersdorf

terstützt, was ihr oft scharfe Drohungen von seiten der Nazis einbrachte. Die Kommisssion kam nach langer Beratung auch hier zu dem Ergebnis, dem Antrag stattzugeben und ihn befürwortend weiterzuleiten.«[3]

Die Bestätigung der Entnazifizierung erfolgte am 7. Januar 1947. Doch der Zulassungsantrag von Paula Busch stieß auf Widerstand im Arbeitsausschuß Artistik beim Magistrat, in dem auch konkurrierende Berliner Zirkusunternehmer vertreten waren: »Etwa im Februar 1947 wurde durch die Presse bekannt, dass der Zirkus Cliff Aeros beabsichtigt, seine Zelte in Berlin aufzuschlagen. Der Arbeitsausschuss Artistik hat gegen eine Zulassung dieses Betriebes beim Hauptamt für Kunst protestiert, da nach seiner Meinung 4 Zirkusse – nämlich Zirkus Barlay, Zirkus Gnidley, Zirkus Blumenfeld und Zirkus Busch – ausreichten. Dieser Protest ist auch von diesen vier Unternehmen unterzeichnet. Nach dieser Erklärung hat Frau Busch Verhandlungen aufgenommen, um in den Besitz eines grossen Zeltes mit etwa 2600 Sitzplätzen zu gelangen, da sie in ihrer Arena mit nur etwa 1600 Sitzplätzen nicht mehr arbeiten will. In dieser nachträglichen Erhöhung der Platzzahl und Vergrösserung ihres Betriebes wird eine dem Sinne dieser gemeinsamen Erklärung widersprechende Massnahme und eine nicht zu verantwortende Konkurrenz gegenüber dem Zirkus Gnidley, der etwa 3 km vom Zoo gelegen ist, und der Neuen Scala erblickt. Ausserdem ist das Zelt von einem

Cliff Aeros mit dem seillaufenden Löwen Caesar

Herrn Schmitter – Cliff Aeros gemietet worden, sodass man auch darin eine Umgehung der gemeinsam abgegebenen Erklärung sieht, die Herrn Cliff Aeros auf diesen Umwegen eine Tätigkeit in Berlin ermöglicht.«[4]

Das Hauptamt Kunst und Freizeitgestaltung bei der Abteilung Volksbildung des Magistrats entschied trotzdem, Paula Busch die Zulassung zu erteilen. Gesellschafter der Circus-Busch-Berlin GmbH war Dr. Kurt Manneberg, ehemals Zahnarzt in Breslau, nun in Berlin ansässig und nach ihren Angaben mit Paula Busch seit 15 Jahren bekannt. Manneberg wurde auch als politische Referenz im Fragebogen der Britischen Militärregierung für die Zulassung angegeben. Dieser Lizenzantrag wurde im September 1948 »auf Anraten des britischen Lizenzberaters« abschlägig beschieden: »Es ist jedoch vom Theateroffizier beschlossen worden, dass Sie auf Grund der ganzen Lage Ihre Tätigkeit im britischen Sektor fortsetzen können.« Für Veranstaltungen wurde eine Befürwortung des zuständigen Kunstamtes und die Genehmigung der britischen Militärregierung benötigt.[5]

Das Programm im Aeros-Zelt bot 1947 durchaus wieder Sehenswertes, so eine Freiheitsdressur und die gemischte Raubtiergruppe des Zirkus Aeros unter Franz Kraml, zwei Elefanten und das Ballett der dreißig Alberti-Mädel. Im August-Programm ritt Frau Direktor Babette Aeros Hohe Schule, und es tanzte das Haffner-Siegro-Ballett. In fünf Monaten Spielzeit kamen 800 000 Besucher in den Circus Busch, und da, neben der nicht geringen Platzmiete, auch von jeder Eintrittskarte eine Mark an den Zoo abgeführt wurde, trug der Circus Busch wesentlich zu dessen Wiederaufbau bei. Paula Busch bezifferte diese finanzielle Unterstützung auf über eine halbe Million Mark.

Paula Busch gab sich mit dem Zelt im Zoo nicht zufrieden, ihr Streben galt dem Festbau. Das zerstörte Planetarium am Zoo erschien ihr geeignet, es zu einem kleinen festen Zirkus auszubauen. Sie erhielt auch die Baulizenz und begann mit den Aufräumungsarbeiten, dem Ausbessern der Kuppel und der Heizungsanlage. Alle Mittel, die sie vom Zirkusbetrieb abknapsen konnte, wurden nun in den Ausbau der Ruine gesteckt. Im September 1947 beantragte Adolf Steinmann als Vertreter von Paula Busch beim Magistrat, dem Circus Busch für diesen Ausbau eine Subvention oder ein Darlehen zur Verfügung zu stellen. Laut Kostenaufstellung war neben den bereits erfolgten Arbeiten mit weiteren Kosten in Höhe von 170000 RM zu rechnen. Der Magistrat lehnte die Bewilligung von Mitteln ab, ein Herr Wasserthal erklärte in einem Aktenvermerk vom 8. Oktober 1947 an die Oberbürgermeisterin Schroeder: »Herr Stadtrat May, Abteilung Volksbildung, ist nicht am Ausbau des Planetariums zum Zwecke eines Zirkusunternehmens interessiert. Auch meines Erachtens gehört ein Zirkus zu keiner kulturellen Einrichtung, da er keinerlei Kunst vermittelt.«[6] Diese Auffassung hält sich in Deutschland noch heute hartnäckig – die strikte Unterscheidung zwischen Kunst und Unterhaltung scheint eine deutsche Besonderheit zu sein. Paula Busch ließ trotz des negativen Bescheids die Planetariumsruine weiter ausbauen. Im Frühjahr 1948 war Richtfest, für den Herbst war die Eröffnung geplant. Im Mai 1948 wurde die Sommersaison im Zoo mit dem Programm »Fünfzig schöne Frauen im Roten Ring« eröffnet.

Der Zirkus Barlay in der Friedrichstraße, an gleicher Stelle befindet sich heute der Friedrichstadtpalast

1948 existierten in Berlin zwei Zirkusse: Busch im Zoologischen Garten und Barlay in Ostberlin, der im Dezember 1948 seinen Festbau in der Friedrichstraße eröffnete – in ganz Deutschland reisten in diesen Jahren etwa 170 Zirkusse.[7] Daneben gab es in Berlin 24 Varietés und Kabaretts. Aber Währungsreform und Berlinblockade brachten im Sommer 1948 harte Zeiten für Westberlin. »Für Berlin ist die Währungsreform eine nicht nur schmerzhafte, sondern auch äußerst turbulente Prozedur ... Das Kursverhältnis zwischen West- und Ostmark verschiebt sich täglich. Zirkus geschlossen. Zirkus wieder eröffnet nach dreiwöchiger Pause. Publikum bringt ›altes‹ Geld, Musiker und Artisten wollen ›neues‹. Lichtkontingent erlaubt nur vier Spieltage in der Woche. Eine Frau zwischen Zirkuspracht und Zirkusnacht. Die Zirkusnacht wird immer finsterer ... Und Mittwoch, den 30. Juli 1948, werde ich vollends in den Abgrund geschleudert. Zum dritten Mal versuchen britische Pioniere ihre Sprengkunst an dem gewaltigsten Bunker Berlins. Er steht am Bahnhof Zoo, er ist eine Betonfestung, ein Zementgigant, der auch den schwersten Luftangriffen gleichmütig standgehalten hat. Diesmal spicken die Briten das Ungetüm mit Sprengladungen wie einen Hasenbraten mit Speck, und wenn es auch an diesem Julitag nur zum Teil zusammenstürzt – ein Totalerfolg ist ein paar hundert Meter weiter zu verzeichnen. Mein

Planetarium und Notfriedhof am Berliner Zoo um 1945

›Winterzirkus‹, das von mir mit letzten Barmitteln, mit tausend Mühen und Sorgen aufgebaute Schmuckkästlein – der wiedererstandene Sternentempel ist abermals ein Trümmerhaufen.«[8]

Infolge der Blockade erhielt Paula Busch für ihre Tiere keine Futterzuteilung mehr. Mit dem Manegenspiel »Cowboy- und Indianer-Romantik« im August (weniger ein Manegenschauspiel als eine thematische Nummernfolge) hatte der Zirkus zwar noch Erfolge, aber die finanzielle und vor allem die Futterlage wurden immer verzweifelter. Paula Busch mußte schließlich kapitulieren. Am 19. September 1948 fand die Abschiedsvorstellung statt. Einige Dressurgruppen konnte sie zu Harry Barlay in den Ostteil der Stadt geben. Das Angebot des russischen Kulturoffiziers, nach Ostberlin überzusiedeln, wo ihr Zirkus Unterstützung erhalten hätte, lehnte sie wegen der Blockade ab. Andere Tiere wurden vom Zoo in Halle und vom Berliner Zoo übernommen. Und sie mußte sich entschließen, die ältesten Pferde töten zu lassen. »Mein Gewissen war ruhig, denn ich war und bin heute noch der Überzeugung, daß es in diesem Falle für sie eine Erlösung vom Erdenübel war. Nein, sie sollten nicht mehr in andere, brutale Hände gelangen«.[9]

Paula Busch ging nach Schweden zu ihrer Tochter Micaela, die dort mit Hans Strassburger den Zirkus Suecia betrieb. Sie hatte sie seit den Tagen in Breslau nicht wiedergesehen.

Neubeginn

Trotz aller Schwierigkeiten und Rückschläge und trotz ihres Alters – sie war inzwischen 65 Jahre alt – entschloß sich Paula Busch, noch einmal neu zu beginnen. Micaela Busch und Hans Strassburger kamen mit ihren Pferden und Elefanten 1951 nach Deutschland und traten als »Schwedischer National-Circus Suecia« beim Circus Roland auf. Die Zusammenarbeit mit dem 1948 von Will und Ada Aureden gegründeten Circus Roland sollte sich in den sechziger Jahren fortsetzen – als Fusion von Roland-Bremen mit Busch-Berlin. Paula Busch verhandelte indessen mit Firmen über die Herstellung eines transportablen Holzbaus, er sollte der erste Schritt für einen neuen Zirkusfestbau in Berlin sein, kam allerdings nie zustande.

1952 hatte ein neuer (Zelt-)Circus Busch-Berlin Premiere. Start war in Northeim, im Sommer spielte er zweieinhalb Monate in Berlin. Ein Darlehen einer Frankfurter Bank hatte den Wiederaufbau des Zirkus ermöglicht, Paula Busch sprach allerdings von »schweren Bedingungen« dieses Kredits und beklagte, daß weder die Stadt Berlin noch Hamburg sich veranlaßt sahen, den Neuaufbau »ihres« Zirkus in irgendeiner Weise zu unterstützen.

Die Internationale Artistenloge beglückwünscht Paula Busch bei der Premiere in Berlin am 16.5.1952

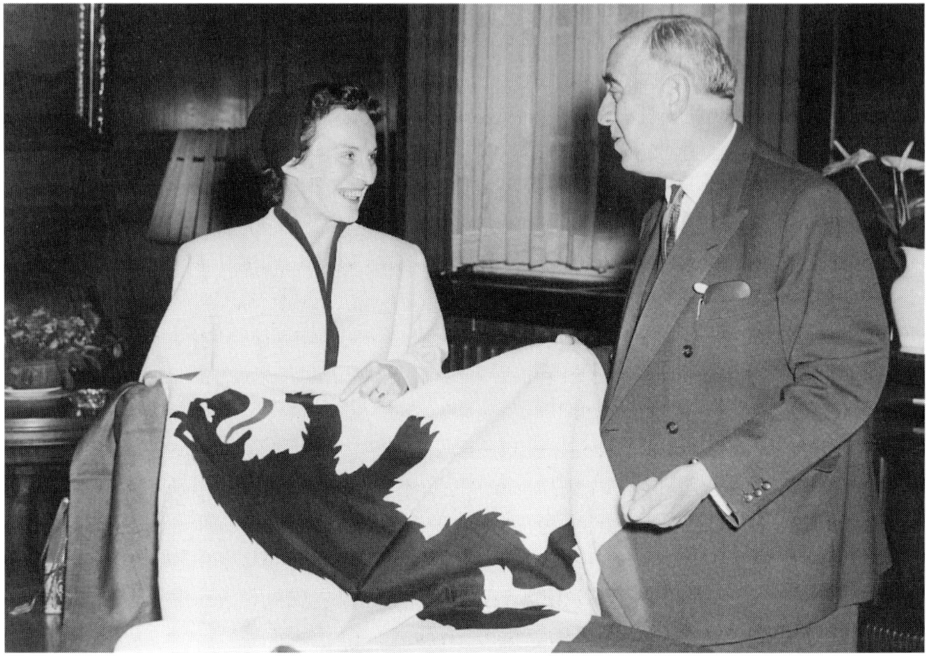

Berliner Fahne als Geschenk für den Circus Busch. Micaela Busch und Berlins Regierender Bürgermeister Ernst Reuter 1952.

Der neue Circus Busch hatte Erfolg. In der Fachzeitschrift »Das Programm« würdigte Dr. Allos, Vorsitzender der IAL-Bezirksstelle Berlin, das Wiedererstehen des traditionsreichen Unternehmens: »Der Circus Busch ist gegenwärtig die Attraktion von Berlin. Paula Busch wurde begeistert von den Berlinern begrüßt und mit Blumenspenden gefeiert, so daß sie sich der Tränen nicht erwehren konnte. Das Programm, die Aufmachung, die Organisation sind mustergültig und auf ein kaum noch zu überbietendes Niveau eingestellt. Raubtierdressuren, Elefanten, equestrische Spitzenleistungen, Seelöwen, Clowns, Krokodile, fabelhafte Artistik, Affenmensch, Micaela Busch mit Pferdedressuren, als Starnummern Tarzan mit seinen 8 Königstigern und der Meisterdieb von Bagdad, der sogar dem Berliner Polizeipräsidenten unter dem Ledermantel den Schlips klaute, so daß der Gewaltige vor Staunen ›stumm‹ war. Das alles wirbelte in einem atemberaubenden Tempo an uns vorbei. Jeder Besucher ist sich einig: ›Das hat Berlin noch nicht gesehen!‹ Wir aber freuen uns, daß wir so hervorragende Leistungen in Berlin als Visitenkarte der Artistik vorweisen können.«[10]

Paula Busch wurde von der IAL mit einem goldenen Lorbeerkranz geehrt. Das Berlin-Gastspiel zählte 300 000 Besucher, auch in Hamburg war der neuerstandene Circus Busch-Berlin erfolgreich.

Micaela Busch entschloß sich im gleichen Jahr, im Rahmen eines internationalen Austauschprogramms mit einem eigenen Unternehmen auf Ostasientournee zu gehen. Im November 1952 reiste sie mit ihren Pferden und den Tigern und Elefanten des Circus Busch nach Ceylon. Hans Strassburger warnte ebenso wie Paula Busch vor dem Risiko dieser Tournee, er trennte sich von Micaela und blieb in Europa. Mit seinen Pferden und Elefanten gastierte er beim Cirque Royal in Brüssel. 1954 gründete er einen eigenen Zirkus, der aber nur eine Saison bestand, dann verkaufte Strassburger die Elefanten an den volkseigenen Zirkus Aeros und ging mit seinen Pferden die folgenden Jahre ins Engagement.

Paula Busch stellte 1953 als Geschäftsführer ihres Zirkus Oskar Hoppe ein. Hoppe, als 16. Kind einer Schaustellerfamilie schon in jungen Jahren als Artist tätig, hatte nach dem Krieg mit seiner dritten Frau Helene Althoff den Zirkus Helene Hoppe betrieben, vom August 1946 bis November 1947 war er treuhänderischer Leiter des Zirkus Krone, die Entnazifizierung der Krones zog sich bis Ende 1947 hin. Paula Busch klagte später, die Tournee 1953 wäre nicht gut verlaufen, weil Hoppe eine »miserable Städtefolge arrangiert« und wenig Interesse am Erfolg des Circus Busch gezeigt hätte, wie er ihrer Meinung nach überhaupt nur darauf hinarbeitete, den Zirkus an sich zu bringen. Das Programm hatte durchaus artistische Glanzpunkte wie den Jongleur Repp, den Äquilibristen Fattini und die Geschwister Pahlow am Stuhl-Trapez. Aber es fehlten die großen Tiernummern, Hunde und Tauben konnten kein Ersatz für Pferde, Elefanten, Exoten und Raubtiere sein. Im August erlitt der Zirkus in Frankfurt am Main erheblichen Sturmschaden, der Schweizer Zirkus Knie stellte leihweise ein Ersatzzelt zur Verfügung. Doch die Saison endete mit einem Defizit.

Programmheft des Films »Sterne über Colombo«, der auf Ceylon bei Micaela Busch gedreht wurde

So beschloß Paula Busch 1954, das Geschäft, das tote Material, an eine holländische Eisrevue zu verpachten. Die Tiere wollte Hans Strassburger übernehmen. Bei Saisonbeginn jedoch erwies sich die Eisrevue Czerny als bankrott, und Paula Busch mußte schnellstens umdisponieren. Micaela Busch war 1953 in Ostasien geblieben. Durch die Dreharbeiten zu »Sterne über Colombo« in ihrem Zirkus hatte sie ein gutes Geschäft gemacht und sich entschlossen, die Tournee auch für 1954 zu verlängern. Paula Busch

Der Jongleur King Repp

konnte nicht mit der Rückkehr der Tochter rechnen, und so nahm sie Oskar Hoppes Angebot an, den Zirkus zu pachten. Hoppe wollte sich selbständig machen, hatte aber nur einige alte Wagen zur Verfügung. Dr. Leuner setzte einen Pachtvertrag auf, der jährlich zu verlängern war und der ihm selbst 8% der Pachteinnahmen sicherte.

Das Programm des Circus Busch-Berlin (Direktion Apollonia und Oskar Hoppe) kam gut an, die Saison verlief erfolgreich. Im »Programm« berichtet ein Rezensent über Hoppes Gastspiel in Essen: »... war der Erfolg auch auf dem Vorortplatz über Erwarten gut und das Zelt täglich ausverkauft. Das ›circusmüde‹ Publikum war begeistert und entzückt, so daß das Gastspiel um acht Tage verlängert werden mußte. Und worauf ist der Erfolg zurückzuführen? Ganz einfach darauf, weil ein versierter Fachmann, ein ›alter Hase‹, nämlich Oskar Hoppe, die Leitung des Circus Busch übernommen hat. Er hat ein Programm aufgestellt, in welchem jede Nummer ein Schlager ist. Dazu noch etwas Neues, nämlich eine bisher nur an Varietés und Kabaretts tätige Komikerin, Deutschlands originellste Komikerin Kläre Schlichting, ist für die Manege entdeckt und ›sie haut rein‹.«[11]

In der gleichen Ausgabe wurde angeregt, daß Paula Busch einen neuerrichteten Bau an der Berliner Gedächtniskirche übernehmen sollte. Drei Monate später antwortete Paula Busch im »Programm« darauf: »Daß der Gedanke daran (einen neuen Zirkusbau in Berlin – d. Verf.) in mir jederzeit lebendig ist, daß er meiner Tochter und mir Krönung meines Lebens bedeuten würde, brauche ich nicht besonders zu betonen. Als Urberlinerin weiß ich genau, was ich meinen Landsleuten bieten müßte, um deren Gunst für Jahr und Tag zu erobern und zu behalten. Viele neue Projekte – wie man wirklich modern Circus spielen kann, ohne die Grundelemente der Circuskunst zu verraten – bewegen mich unausgesetzt und ließen mich schon gewisse Vorarbeiten in Angriff nehmen. Auch der Bau an der Gedächtniskirche fand schon längst meine Aufmerksamkeit. Er bietet durchaus Möglichkeiten für Circus und Varieté, nur wüßte ich nicht, wo die unbedingt nötigen und umfangreichen Tierbestände unterzubringen wären. Zudem ist das ganze Areal rings um die Gedächtniskirche neuerdings wieder in das besondere Blickfeld der Städtebauer und der Geschäftswelt gerückt, was ich durchaus begrüße, denn Westberlin braucht ja wirklich einen wohlgeordneten Mittelpunkt. Ich verfolge die Bestrebungen, die größere Umbauten mit sich bringen werden, auf das genaueste, und ich bin der Meinung, daß Attraktionen und Manegeschauspiele, die Berliner Glanz und internationale Anziehungskraft besitzen, in neuer Form herausgestellt, im 70jährigen Circus Busch eine glanzvolle Renaissance erleben könnten. Ich weiß mich in der Verfolgung dieser Gedankengänge der freundschaftlichen Unterstützung wohl auch der Internationalen Artisten-Loge sicher.«[12] Das 70jährige Jubiläum des Circus Busch wurde mit einem Gastspiel in Berlin begangen.

Der Zwist zwischen Zirkus und Behörden setzte sich im westlichen Nachkriegsdeutschland unvermindert fort, wo das »Zirkussterben« Mitte der fünfziger Jahre einen neuen Höhepunkt erreichte. »Die Tatsache, daß die Schlußbilanz der vorjährigen Saison manchem Circusunternehmer bedenkliche Sorgen bereitete, ist allgemein bekannt. Ebenso bekannt ist, daß die Belastungen, denen das Circusgewerbe ausgesetzt ist, durch Einnahmen kaum noch gedeckt werden können ... Die jetzt steigenden Preise, denen der Circus mit seinen volkstümlichen Eintrittspreisen nicht zu folgen vermag, lassen den Glorienschein des vielgerühmten Wirtschaftswunders allmählich verblassen. Die kommende Saison wird ›Sein oder Nichtsein‹ der in der Westzone reisenden Circusse bestimmen.«[13] Auch Paula Busch beschäftigte sich in einem Artikel für den Berliner »Tagesspiegel« mit der »Circus-Situation heute«: »Der Circus steht seit 200 Jahren manchmal nur am Rand der Stadt, wohl aber noch immer im Herzen des Volkes. Er hat schwerwiegende Veränderungen der Staatsformen erlebt, er hat ein vom Hunger gezeichnetes und ein zum Wohlleben neigendes Publikum gleichermaßen elektrisiert, er ist in jeder Stadt umgeben von Kinopalästen (im Jahre 1954 gingen 650 Millionen Deutsche ins Kino), er war vorübergehend einmal leerer geworden, weil eine Bekleidungs- und eine Reisewelle die Bevölkerung geldschwach machte. Er, dieser zählebige Circus, wird abermals Einbußen erleiden, wenn in Deutschland die Fernsehepidemie richtig ausbricht. Jedoch: auch die Fernsehstudios werden sich beim Circus einige Mützen der Spezial-Circusluft holen, wie das der Film immer wieder und mit wechselndem Erfolg tut ...«[14]

Hans Strassburger mit Elefanten im Circus Busch 1952

Micaela Buschs Zirkus in Manila wurde 1954 wegen Zahlungsunfähigkeit beschlagnahmt. Die Warnungen vor der Tournee hatten sich als berechtigt erwiesen, obwohl die Anfangserfolge zu so großen Hoffnungen führten. Die Dreharbeiten zu dem deutschen Farbfilm »Sterne über Colombo« von Veit Harlan mit Kristina Söderbaum und Willy Birgel hatten bis Mitte April 1953 gedauert, und der Zirkus konnte wahre Triumphe feiern. Über eine halbe Million Besucher wurden gezählt. Obwohl die Honorare für die Filmarbeit erst nach der Rückkehr in Deutschland fällig waren und Micaela Busch

Der neue Zeltzirkus Busch-Berlin am Funkturm 1952

nur über sehr begrenzte Devisen verfügte, wollte sie dem Gastspiel in Ceylon eine Tournee durch Malaysia, Siam und Indochina folgen lassen. Für die Transportkosten nach dem 2000 km entfernten Singapore ließ sie sich von einem einheimischen Manager 100000 Malayen-Dollar vorstrecken, der Geldgeber forderte dafür 40% der Tageseinnahmen. In Hongkong veruntreute ein chinesischer Manager annähernd 40000 DM, der Zirkus kam in Zahlungsschwierigkeiten. Einige Artisten verließen in dieser Situation das Unternehmen und kehrten mit Hilfe des deutschen Generalkonsulats nach Hause zurück. Micaela Busch wollte nicht glauben, daß bei nach wie vor vollem Haus nicht auch der finanzielle Erfolg möglich sein sollte – ihr Traum war es, mit den Einnahmen aus der Ostasientournee in Berlin wieder einen festen Zirkusbau errichten zu können. Schließlich vermochte sie den Artisten und Angestellten die Gage nicht mehr zu zahlen, und es gab keinerlei Rücklagen. Die Einreisegenehmigungen nach Indochina, Siam und Indonesien wurden wegen politischer Unsicherheiten zurückgezogen, es blieb zur Rückkehr nur der Weg über die Philippinen. Das Geld für den Lufttransport versprach ein philippinischer Millionär vorzustrecken, letztlich blieb der Flug jedoch unbezahlt, so daß die Fluggesellschaft im Mai 1954 das gesamte Material des Zirkus pfändete. Damit war das Ende von Micaela Buschs Zirkus besiegelt.

Die verbliebenen, völlig mittellos dastehenden Artisten schlugen sich mit Einzelengagements in zweit- und drittklassigen philippinischen Etablisse-

Gastspiel in Berlin 1952

ments durch und kehrten schließlich mit Unterstützung des deutschen Generalkonsulats nach Deutschland zurück. Auch ein Teil des Tierbestandes konnte rückbefördert werden. Das gesamte Material aber vermoderte im Monsunregen, Micaela Busch lag krank in einem Krankenhaus in Manila.

Paula Buschs Zusammenarbeit mit Oskar Hoppe gestaltete sich wenig erfreulich. Hoppe hatte schon 1953 für seinen »Circus Hoppe« nach artistischem, technischem und Büropersonal annonciert. Im »Organ« hieß es: »Direktor Oskar Hoppe, einer der bekanntesten Circusdirektoren, der in den letzten Jahren im Groß-Circus Paula und Micaela Busch mit größtem Erfolg tätig gewesen, hat sich entschlossen, mit einem eigenen Unternehmen wieder auf die Reise zu gehen.«[15] In der Saison 1954, in der er eigenverantwortlich den Circus Busch führte, war Hoppe recht erfolgreich, und dieser Erfolg blieb ihm auch in den Folgejahren treu. 1955 brachte er ein Jubiläumsprogramm »70 Jahre Circus Busch-Berlin« in die Manege und verlegte dabei großzügig die Gründung des Zirkus von 1884 auf 1885 – Jubiläen machen sich immer gut. Das Programm bot tatsächlich artistische Glanznummern: Vojtech Trubka mit den Löwen und Tigern des Circus Knie, die Musikalclowns Joco's, Klings Schimpansen, die 7 Leotaris am Flugtrapez, die Schulreiterin Ilona Semsrott und den Musikalartisten Vic Hyde.

1956 reisten in Deutschland drei verschiedene Zirkusse mit dem Namen Busch: Busch-Berlin unter Oskar Hoppe, der volkseigene Zirkus Busch

Der Circus Busch unter Oskar Hoppe 1955

in der DDR, der aus dem Unternehmen von Jacob Busch hervorgegangen war, und die Neugründung von Carl Busch (eigentlich Stelzenmüller), einem unehelichen Sohn von Jacob Busch, der dessen Namen angenommen hatte. Der Zirkus Jacob Busch hatte das Kriegsende in Meerane, Sachsen, überstanden, unter erheblichen Mühen wurde der Zirkus wieder spielfähig gemacht und hatte am 20. April 1946 in Chemnitz Premiere. Geführt wurde er von Jacob Buschs Pflegesohn Fritz van der Heydt, einem ehemaligen Ringkämpfer, der im Gegensatz zu Jacob Busch politisch nicht belastet war und ohnehin die Geschäftsführung innehatte. Jacob Busch starb 1948, drei Jahre später auch van der Heydt. Er hinterließ erhebliche Steuerschulden, und so wurde der Zirkus von der Stadt Magdeburg, wo er sein Winterquartier hatte, in Treuhänderschaft übernommen. Als Direktor fungierte Paul Schäfer. 1960/61 wurden die drei volkseigenen Zirkusse der DDR – neben Busch waren das Aeros und Barlay – im VEB Zentral-Zirkus vereinigt, der 1980 in Staatszirkus der DDR umbenannt wurde.

Trotz dieser Häufung der Busch-Zirkusse hielt Oskar Hoppe an dem traditionsreichen Namen fest. Auch 1957 bot er ein attraktives, ausgewogenes Programm, u.a. mit Rudolf Matthies' Tigergruppe, Rupperts Bären, mit Seelöwen, den Leotaris, den Jongleuren Gitta Elsys & Co, Reiterei, Freiheitsdressuren, Exoten und – als Höhepunkt herausgestellt – dem siebenjährigen Ossy Hoppe als Deutschlands jüngstem Schulreiter und Elefanten-Vorführer. Fast das gleiche Programm präsentierte Hoppe auch in der Saison 1958. In seiner Heimatstadt Düsseldorf feierte er 1958 auch sein 50jähriges Berufsjubiläum, beim Gastspiel in Hamburg im September des gleichen Jahres beging der Circus Busch-Berlin sein 75jähriges Bestehen, etwas verfrüht, dafür aber 1959 gleich noch einmal.

Auch 1959 konnte sich Hoppes Programm sehen lassen, Höhepunkte waren die 5 Burketts am Fliegenden Trapez, wiederum Matthies mit seinen Tigern, Edith Crockers Braunbären, die Freiheitsdressuren von Franz-Richard Althoff. Die Programmbesprechung in der Deutschen Circus-Zeitung wies jedoch auch auf die Schwachpunkte hin: »Das Minus des Programms ist der achtjährige Ossy Hoppe mit Pony und Elefant. Noch nie hat es in einer Busch-Manege eine so betrübliche Elefantendressur gegeben. Der kleine Mann ist zweifellos überfordert ... Exotendresseur G. Braune gibt Hilfen, die erst recht die Kläglichkeit dieser Nummer unterstreichen.« Bemängelt wurde auch der völlig veraltete Wagenpark und das Gradin, also die Sitzeinrichtung. Neu angeschafft war ein Chapiteau, »das 3500 Personen Platz bietet und durch eine neuartige Quadrepol-Konstruktion weniger sichtbehindernd ist.« Lobend wird hervorgehoben: »Tierhaltung und Tierpflege werden im Circus Busch-Berlin ganz groß geschrieben. Leider ist es nicht überall eine Selbstverständlichkeit, daß Pferde durch Schwebebalken getrennt stehen. Auch die gute Strohschütte, sauber von der Stallgasse begrenzt, gehört dazu. Die Exoten stehen in Boxen, die Böden der Käfigwagen tragen eine Sägemehlschicht. Sämtliche Tiere befinden sich in einem gepflegten Zustand.«[16]

Diese gute Tierhaltung erkannte auch Paula Busch ausdrücklich an. Ansonsten klagte sie, daß Hoppe »mir gegenüber immer unflätiger (wurde) ... Er zog mir immer mehr Prozente ab, kaufte sich eigenes Material, bis er das Circusmaterial beisammen hatte, um ohne meine Hilfe reisen zu können. Er stellte mir meinen Circus zur Verfügung, nur den Namen, die Firmierung wollte er behalten. Was sollte ich nun mit dem toten Material beginnen? Es mußte doch arbeiten, denn wenn ich es stückweise verhökert hätte, wäre nichts dabei herausgekommen. Und was dann? Konnte ich mich auf Hoppes Pachtzahlungen für die Hergabe des Namens verlassen? Er war ja von Jahr zu Jahr unzuverlässiger geworden. Mein Zirkusmaterial, das er mir zurückgab, war derartig abgenutzt ... Jedenfalls hat der Schaden, den er uns zugefügt hatte, wenigstens 30000 DM betragen.«[17]

Der letzte Circus Busch-Berlin

Paula Busch, nunmehr 74 Jahre alt, beschloß, erneut einen eigenen Zirkus aufzubauen. Bereits 1957 hatte sie in Mengeringhausen, Kreis Waldeck, ein neues Unternehmen, die »Zeltcircus Busch Berlin GmbH« gegründet, sie wurde am 6. Dezember ins Handelsregister beim Amtsgericht Arolsen in Hessen eingetragen. 1959 wurde die Firma in »Groß-Circus Busch Berlin GmbH« umbenannt, im März 1960 schließlich in »Paula Busch, Berlin der Circus der großen Tradition erstes und einziges Original-Unternehmen gegr. 1884 GmbH« (laut Eintrag im Handelsregister). Schon seit 1958 redete ihr Karl Langenfeld, Direktor des volkseigenen Zirkus Aeros in der DDR, zu, mit einem neuen Circus Paula Busch zu starten, und bot sich als Direktor an. Er wollte mit anderen Artisten auch das Startkapital einbringen bzw. vermitteln. Langenfeld stand seit 1957 in geschäftlichen Verbindungen mit Paula Busch, sie hatte ihm eine Tigergruppe verpachtet, die nach Zahlung von 60000 M Pachtsumme in den Besitz des Zirkus Aeros übergehen sollte. Für das Geld ließ sie in Leipzig bei Tränkner & Würker ein Zelt anfertigen.[18]

Der ostdeutsche Zirkusdirektor Karl Langenfeld wurde 1960 Geschäftsführer bei Busch-Berlin

Langenfeld rühmte sich, der erfolgreichste ostdeutsche Zirkusdirektor zu sein, und auch westdeutsche Artistenagenturen und andere Fachleute lobten ihn einstimmig. Er versicherte Paula Busch: »Sie sollen sich keine Sorgen mehr machen. Ich will Ihre rechte Hand sein. Sie haben es verdient, sich etwas auszuruhen, nach allem, was Sie als alleinstehende Frau durchgemacht haben. Der Circus Busch soll wieder ganz groß werden, dafür werde ich sorgen. Das wäre ja gelacht, wenn ich das nicht schaffen sollte, wenn es mir gelungen ist, diesen kleinen, kaputten Circus Aeros zum größten Circus der DDR zu machen. Das verbürgt mir allein der Name Busch und verpflichtet mich, alle meine Kräfte restlos einzusetzen.«[19]

Den erfolgreichen Ausbau des Zirkus Aeros, der nach dem Tod von Cliff Aeros 1952 mit größeren Steuerschulden in die Treuhandschaft der Stadt Leipzig (wo er ein festes Haus hatte) überführt worden war, verdankte der Zirkus jedoch vor allem der Tatsache, daß er als volkseigenes Unternehmen großzügig gefördert worden war: transportable Kunsteisfläche, neuer Stahlkuppelbau in Leipzig, völlige Erneuerung der Technik usw. Langenfeld herrschte autark über dieses Unternehmen und bediente sich finanziell sehr großzügig. Als Ende 1959 die Zentralisierung der volkseigenen Zirkusse und ihr Zusammenschluß zum VEB Zentral-Zirkus mit einem Generaldirektor (damals Otto Netzker) beschlossen wurde, sah Langenfeld seine

Der volkseigene Zirkus Aeros

Felle davonschwimmen. Im Januar 1960 tauchte er bei Paula Busch in Westberlin auf und vereinbarte mit ihr 1 000 DM Gehalt pro Monat für die Zeit bis zum Start des neuen Zirkus. Doch das von Langenfeld versprochene Kapital, die Zugmaschinen und das Stallzelt blieben aus, und es mußten für viel Geld die Vorkriegszugmaschinen des Zirkus Strassburger, um dessen Material es sich offenkundig bei Paula Buschs Zirkus immer noch handelte, in Ordnung gebracht werden.

So stand schon der Start des neuen Circus Paula Busch unter einem schlechten Stern. Paula Busch verkaufte nach ihren Angaben Wertpapiere für rund 20 000 DM, um die Saison überhaupt beginnen zu können. Langenfeld verpflichtete eine teure englische Jazzband für die Tournee (die von den Zuschauern keineswegs als Bereicherung des Programms empfunden wurde) und wollte durchaus eine Eisrevue im Programm. Der Schuldenberg wuchs weiter an. Als Paula Busch darauf bestand, Kontrolle über die Kasse zu haben – Langenfeld wollte sie allein seiner Frau überlassen –, kündigte er. Micaela Busch, die mit ihrem Sohn Paul aus Schweden zurückgekehrt war, wo beide als Pfleger in einer Klinik gearbeitet hatten, trat in die Geschäfte ein und unterstützte ihre Mutter bei der Geschäftsführung.

Paula Busch mit Tochter Micaela und Enkel Paul 1952

Der Circus Paula Busch hatte seine Premiere am 15. April 1960 in Berlin am Funkturm. Im Mai brach er von Berlin zur Tournee durch Westdeutschland auf. Im Programm waren »der Clown Pio Nock, der nicht nur durch seine Clownerien auffiel, sondern zugleich auch höchste Artistik über dem Löwenkäfig ausführte«[20], weiterhin Franz Adamsky mit seinen Braunbären, Moritz Bühlmann mit Berberlöwen, Tony Kocka jun. mit einem Schimpansen, Ramin mit Elefanten, Hans Strassburger mit einer Pferdefreiheit,

Der Schweizer Clown Pio Nock

Micaela Busch als Schulreiterin, dazu verschiedene, teilweise sehr namhafte akrobatische Nummern. Alternierend mit dem indischen Dompteur Ramin führte Paul Busch die Elefantengruppe vor, darunter den Bullen Moti, eine Seltenheit im Zirkus, da Elefantenbullen mit Beginn der Geschlechtsreife sehr gefährlich werden können.

Paula Busch berichtete, daß die Saison infolge der schlechten Bedingungen kein Erfolg war: »Außer Bremen, Oldenburg in Oldenburg und Kiel war diese Saison ein enormes Fiasko. Auch die Ringkämpfe in Hamburg wurden zu einem großen Verlustgeschäft. Ich habe meine sämtliche Papiere in Höhe von 43 000 DM verkauft und dem Geschäft geopfert, ebenso die Auszahlung des Teil-Lastenausgleichs von 45 000 DM. So konnten alle Gagen, Löhne, Gehälter 1960 bis Schluß bezahlt werden. Man hat mich für verrückt erklärt und, bevor ich es getan habe, mir geraten, dieses Geld für mich zu behalten und den Konkurs zu beantragen. Aber das brachte ich nicht fertig. Ich weiß, daß man bei einer G.m.b.H. nicht mit seinem Privatvermögen haftet. Aber es erscheint mir immer noch wie eine Schande, einen Konkurs anmelden zu müssen. Ich bildete mir ein, daß ich dieses Geldopfer dem Namen meines Vaters schuldig sei. Ja, und nun habe ich noch mein Haus mit einer sehr, sehr hohen Hypothek belastet. Alles, alles, um der Firma ein Startkapital für 1961 zu sichern.«[21]

Neben dem neuen Circus Paula Busch reisten unter dem Namen Busch der volkseigene Zirkus Busch in der DDR, Carl Busch und Circus Busch mit Direktor Oskar Hoppe. Oskar Hoppe hatte zwar laut Paula Busch den Vertrag, der ihm die Firmierung als Circus Busch gestattete, am 31. August 1960 gekündigt und die Zahlungen eingestellt, spielte aber unter diesem Namen weiter, auch 1961, als er in Kooperation mit Karl Rebernigg in Österreich reiste. In einer Anzeige im »Organ« 4/60 gab er bekannt, daß er nach dem Ausscheiden von Paula Busch aus dem Circus Busch Berlin am 8. November 1959 den Namen Groß-Zirkus Busch Berlin auf weitere drei Jahre gepachtet habe. In Rundschreiben verbreitete er, daß sein Zirkus der einzige echte Busch sei. Und als er bei einem Wintergastspiel in Brüssel infolge eines Streiks Verluste erlitt, erbat er in Bonn eine Subvention, um den Erhalt des traditionsreichen Circus Busch zu sichern. Erst 1963 gab Oskar Hoppe die Firmierung Circus Busch »wegen zu hoher Pachtforderungen« auf – inzwischen hatte Paula Busch den Namen auch an den Circus Roland verpachtet. Hoppe fusionierte mit dem Circus Willy Hagenbeck, den seine fünfte Frau Ingrid Hoppe auch nach seinem Tod bis zur Schließung 1982 weiterführte.

Paula Busch erhielt 1961 das Bundesverdienstkreuz. Aber eine finanzielle Unterstützung für ihren um die Existenz ringenden Zirkus gab es nicht. Auch ein Ersuchen an den Berliner Senat wurde abschlägig beschieden.

So ging das Unternehmen 1961 mit Schulden in die zweite Saison. Circus Paula Busch startete am 1. April in Duisburg und mußte sich gleich bei der Premiere einer übermächtigen Konkurrenz erwehren: Der Moskauer Staatszirkus gastierte zur gleichen Zeit in der Dortmunder Westfalenhalle und überzog das gesamte Ruhrgebiet mit seiner Reklame. Auch in Duisburg hatte er eine Vorverkaufskasse eingerichtet und brachte Paula Busch in große finanzielle Bedrängnis. Dabei konnte sich ihr Programm durchaus sehen lassen: Neben Moritz Bühlmann mit seinen Löwen und Adamsky mit Braunbären trat Doris Arndt mit ihrer Eisbärengruppe auf, zur damaligen Zeit die größte der Welt. Maurice Houcke präsentierte Pferdefreiheiten, Micaela Busch, ihre Schwiegertochter Brita, Manja Smaha-Vinicky und Myra Raymond ritten und fuhren eine Spanische Hohe Schule, außerdem waren der bekannte Jongleur Eduardo Raspini, Rollschuh-, Reck- und Percheakrobatik, Hunde und Tauben und vor allem die Clowns Pio Nock und Max van Embden, der langjährige Partner von Grock, im Programm.

Paula Busch steckte alle noch verfügbaren Mittel in ihren Zirkus, hoffte darauf, daß die Pechsträhne – auch infolge der langanhaltenden Regen-

Doris Arndt mit den Eisbären des Circus Krone

periode – enden und der Erfolg doch noch einsetzen würde. Am Ende versetzte sie sogar den Schmuck ihrer Mutter, um den drohenden Konkurs abzuwenden. Alter und Krankheit setzten ihr zu. Verzweifelt bat sie die Behörden um Hilfe. Als ihr das Bundesverdienstkreuz verliehen wurde, versprachen der Charlottenburger Bürgermeister Bruhn und Stadtrat Hajek, Hilfe mit Mitteln des Berliner Zahlenlottos zu gewähren. Auch das Ministerium für Gesamtdeutsche Fragen hatte die Bereitstellung von Mitteln zugesagt, weil die Tournee des Sowjetischen Staatszirkus dem Circus Paula Busch starken Abbruch getan hatte. Doch weder von der einen noch der anderen Stelle wurden tatsächlich Gelder zur Verfügung gestellt. Der Beirat des Berliner Zahlenlottos lehnte ab mit dem Hinweis, daß Frau Busch (mit der Neugründung in Mengeringhausen) den Sitz ihres Unternehmens nach Hessen verlegt hatte und somit kein Berliner Unternehmen mehr war.

Am 18. Juni 1961 kam es in der oberhessischen Kreistadt Lauterbach zur letzten Vorstellung. Das Konkursverfahren war am 16. Juni eröffnet und die GmbH aufgelöst worden. Nach Aussage der Direktorin wäre eine Summe von 50 000 DM erforderlich gewesen, um den Konkurs abzuwenden, aber es war kein Geld mehr aufzutreiben. Am 30. Juni kam das Zirkusinventar unter den Hammer des Auktionators, doch der Erlös in Höhe von knapp 12 000 DM konnte die Verbindlichkeiten nicht decken, allein die ausstehenden Gagen der Artisten beliefen sich auf über 70 000 DM, beim Konkursgericht waren Gläubigerforderungen in Höhe von rund 170 000 DM (nach anderen Berichten 350 000 DM) eingereicht. Den meisten Artisten konnte durch den Internationalen Varieté-Theater- und Circus-Direktoren Verband (IVTCDV) geholfen werden, durch Bereitstellung geldlicher Unterstützungen und die Vermittlung von Engagements, die mitten in der Saison schwierig zu bekommen waren. Franz Adamsky beispielsweise, seit vielen Jahren im Circus Busch tätig, erhielt eine Anstellung in einem Tierpark, andere gingen zu Sarrasani, zu Strassburger in Holland und verschiedenen Varietébühnen.

In der Presse fanden sich zum Teil rührselige, zum Teil hämische Berichte über den Bankrott des Circus Paula Busch. Die »Frankfurter Rundschau« berichtete: »Der Festplatz des kleinen oberhessischen Landstädtchens Lauterbach, ›Bleiche‹ genannt, wurde unlängst zum Schauplatz einer spektakulären Zirkustragödie. Auf den Tag genau 77 Jahre nach seiner Gründung durch den königlich-preußischen Kommissionsrat Paul Busch nahm hier der traditionsreiche Berliner Zirkus Busch ein wenig rühmliches Ende. Von dem einst renommierten Unternehmen, das vor dem zweiten Weltkrieg

Der Regen und die Roten ruinierten Circus Busch

Weltbekanntes Berliner Unternehmen vor Konkurs

Der Circus Paula Busch steht vor dem Konkurs. Diese traurige Nachricht kommt aus der hessischen Kreisstadt Lauterbach, wo das traditionsreiche Berliner Unternehmen zur Zeit seine Zelte aufgeschlagen hat. Schon gestern abend war es fraglich, ob überhaupt noch eine Vorstellung stattfinden kann.

Paula Busch

Wenn nicht sofort von irgendeiner Seite finanzielle Hilfe kommt, werden die Scheinwerfer in der Manege bald für immer erloschen sein! Mitschuldig am finanziellen Zusammenbruch sind, nach Ansicht der Zirkusdirektion, die Wetterkatastrophen der vergangenen Wochen. Regen und Hagelschauer beim Gastspiel in Duisburg, nicht endenwollende Wolkenbrüche im Harz, Hochwasser und weite Überschwemmungen in Hessen brachten stets nur wenige Besucher.

der kürzlich seine Gastspielreise in Westdeutschland begann, den Berliner Zirkus an den Rand des Ruins gebracht. Die im voraus geplante Busch-Gastspielreise mußte vollkommen geändert werden. „Was sollen wir in Großstädten, in denen die Moskauer vielleicht schon gastiert haben", sagte Paula Busch. „Zweimal hintereinander ‚Manegenzauber' – da geht doch kein Mensch hin."

Die täglichen Unkosten

So kam es, daß der renommierte Berliner Zirkus, der auf eine 77jährige Vergangenheit zurückblicken kann, gezwungen wurde, „auf die Dörfer" zu gehen. Da aber die kleinen Orte nicht die Zuschauer aufbringen, um mehrere Tage hintereinander volle Kassen zu garantie-

In ihrer Not wandte sich Frau Busch bereits vor einiger Zeit an das Berliner Zahlenlotto. 30 000 Mark brauchte sie damals. Senator Tiburtius befürwortete ihr Gesuch. Aber erst Ende Juni wird der Lotto-Beirat entscheiden, ob die Summe ausgezahlt werden kann. Inzwischen ist der Betrag, der den Berliner Zirkus wieder „flott" machen könnte, auf 40 000 bis 50 000 Mark gestiegen.

Völlig verzweifelt

„Ich weiß gar nicht mehr, was ich machen soll." Frau Busch, die sich gestern noch in Berlin aufhielt, ist völlig verzweifelt. Gestern abend reiste sie nach Lauterbach ab. Um zu retten, was vielleicht noch zu retten ist. Wenn sie nur wüßte, wie?

Sie, die erst vor zwei Monaten in unserer Stadt das Bundesverdienstkreuz erhielt, will es einfach nicht wahrhaben, daß es mit ihrem Zirkus zu Ende sein soll. Sie hofft immer noch auf eine Wendung zum Guten. „Sie müßte aber über Nacht kommen. Sonst ist alles zu spät …" **HGW**

Zeitungsmeldung vom 16.6.1961

feste Häuser in Berlin, Wien, Breslau und Hamburg besaß, bleiben lediglich eine Kolonne alter Wohnwagen, etliche Fetzen verrotteter Zeltplanen und ein Häuflein verzweifelter Artisten mit ihren Tieren übrig, die auf die mildtätigen Spenden der Bürger von Lauterbach und Umgebung angewiesen sind … Von dem Konkurs des Zirkus erfuhren die Artisten erst, als nach der letzten Vorstellung ihre Wohnwagentüren aufgerissen wurden und ein von der Direktion herumgeschickter Bote die Akrobaten, Kunstreiter und Clowns lakonisch wissen ließ: ›Schluß, Leute – wir fahren nicht mehr!‹ Noch in der gleichen Nacht verschwand die Direktorin Micaela Busch. An Stelle der 77jährigen Besitzerin Paula Busch, die telegrafisch angekündigt hatte, daß sie nach Lauterbach kommen wolle, um ihren Zirkus aufzulösen, erschien dort am vergangenen Wochenende Konkursverwalter Dr. Lindner aus Arolsen und der Steuerberater des Unternehmens, Robert Köhler aus Mengeringhausen. Mit der Aufnahme der Konkursmasse hatten die beiden nicht viel Mühe. Der größte Teil der Wagen und Geräte war bereits seit längerer Zeit sicherheitsübereignet worden. Das wenige, was übrig blieb, dürfte kaum ausreichen, um die noch ausstehenden Gagenforderungen der Artisten zu decken, die mittellos in Lauterbach sitzen und nicht wissen, wie sie weiterkommen sollen.«[22]

Circus Busch-Roland

Nach dem Konkurs in Lauterbach hat Paula Busch keinen eigenen Zirkus mehr betrieben. Ab 1962 verpachtete sie den traditionsreichen Namen Busch-Berlin an den Circus Roland-Bremen von Will und Ada Aureden. Will Aureden, 1902 in Goslar geboren, Gründer und Besitzer des Circus Roland, war Journalist und vor dem Krieg als Pressechef mit Hagenbeck und Sarrasani gereist. Die Fachzeitschrift »Das Organ« meldete zu der Neufirmierung: »Norddeutschlands größter Circus, Roland aus der Hansestadt Bremen ... wird nach einem Abkommen mit Frau Direktor Paula Busch-Berlin mit Beginn der neuen Reisesaison neben seiner Eigenbezeichnung den Traditionsnamen Busch-Berlin führen. Roland will damit erreichen, daß dieser Name, der schon vor Jahrzehnten in der ganzen Welt überzeugender Garant für beste deutsche Circusarbeit war, auch für die Zukunft erhalten bleibt. Die Gesamtleitung des Unternehmens bleibt wie bisher in den Händen der Roland-Direktion Aureden.«[23]

Will Aureden, Direktor des Circus Roland-Bremen. Er pachtete 1962 den Namen Busch-Berlin.

1963 gastierte Roland-Busch im September auch in Berlin am Wittenbergplatz. In den führenden Westberliner Zeitungen warb er mit dem Hinweis, daß »... es gilt den Wiederaufbau des Circus Busch-Berlin zu beschleunigen, der durch uns nach Kräften gefördert wird.«[24] In den Roland-Programmheften der ersten Jahre fanden sich außer in der Firmierung ansonsten keine Hinweise auf den Circus Busch-Berlin, erst im Laufe der Jahre wurde die Tradition von Busch immer stärker hervorgehoben. Im Programmheft 1965 wurde Paula Busch erstmals namentlich genannt, mit einem Glückwunschschreiben des Bundespräsidenten Heinrich Lübke zu ihrem 70. Geburtstag.

1967 feierte Paula Busch bei einem Gastspiel des Circus Busch-Roland in Berlin ihr 50jähriges Direktorenjubiläum. 1969 wurde sie als »Seniorchefin« im Programmheft genannt. Im gleichen Jahr, am 24. September, erlag ihre Tochter Micaela in Lund in Schweden, wo sie seit 1961 mit kurzen Unterbrechungen wieder gelebt hatte, ihrem Krebsleiden.

1971 schied Will Aureden aus dem Circus Busch-Roland aus und setzte sich zur Ruhe. Heinz Geier, bis dahin Hauptgeschäftsführer und Pressechef, übernahm die Direktion. Die Firma Circus Busch-Berlin GmbH war seit dem 5. März 1971 als Kommanditgesellschaft mit dem persönlich haftenden Gesellschafter Heinrich Geier und der Kommanditistin Paula Busch mit einer Einlage von 20 000 DM in das Handelsregister eingetragen. Nach den problematischen Jahren der Verpachtung ihres Zirkus bzw. Zirkusnamens an

Oskar Hoppe war Paula Busch nun in ihren letzten Lebensjahren eine erfreuliche Zusammenarbeit mit dem Circus Roland sowohl unter Will und Ada Aureden wie Heinz Geier beschieden. Sie gab zwar nur Stippvisiten im Circus Busch-Roland, aber hielt doch ständigen Kontakt.

Bis zuletzt schrieb sie in ihrem Haus in der Lyckallee für Zeitungen und Zeitschriften, für Rundfunk und Fernsehen, aber auch an ihrem zweiten Memoirenband. Nach dem Krieg waren einige Kinder- und Tierbücher von ihr erschienen, besondere Beachtung fanden »Mein Tigerkind Durgha« (1955) und »Die ganze Arche Noah auf meinem Schoß« (1956, Nachauflage 1964 unter dem Titel »Ich hatte sie alle am Zügel«). 1957 erschien ihr Memoirenband »Das Spiel meines Lebens«, der 1992 wiederaufgelegt wurde. Ein zweiter Band Erinnerungen wurde zwar als Manuskript vollendet, aber nicht veröffentlicht. Auch die Romane über Therese Renz und Tilly Bébé befinden sich unveröffentlicht als Manuskripte im Nachlaß, den Martin Schaaff, langjähriger guter Freund von Paula Busch, gemeinsam mit seiner Frau, der ehemaligen Eisbärendompteuse Doris Arndt, verwaltet.

Im Frühjahr 1973 erlitt Paula Busch einen Herzinfarkt und starb nach einigen Wochen Krankenhausaufenthalt am 26. Juni 1973 im Westberliner Paulinen-Haus. Zur Trauerfeier in Wilmersdorf am 4. Juli waren Vertreter des deutschen Zirkus erschienen. Der Regierende Bürgermeister von Berlin, Klaus Schütz, würdigte die Arbeit von Paula Busch und sprach von ihr als einer außergewöhnlichen Frau. Beigesetzt wurde sie auf dem Dorotheenstädtischen Friedhof II im Mausoleum der Familie Busch, wo sich heute neben den Sarkophagen von Constance und Paul Busch auch die Urnen von Minna Schulze (»Wasserminna«), Micaela Busch, Virginia Busch, Paula Busch und Eleonore Busch-Cador, Lebensgefährtin und Adoptivtochter von Paula Busch, befinden. Eine Wandtafel erinnert an Maria Doré.

Der Circus Busch-Berlin existierte weiter, er reist als Circus Busch-Roland bis heute. Heinz Geier, dem Paula Busch gestattet hatte, den Namen Busch als Familiennamen zu führen, kam nicht aus einer Zirkusfamilie. Vor dem Krieg war er einige Zeit Kriminalkommissar, nach dem Krieg begann er beim Circus Williams, nach einigen weiteren Stationen kam er schließlich zum Circus Roland. Nachdem er 1971 Miteigentümer des Circus Busch-Berlin geworden war, erwarb er 1975 auch das Eigentum am Circus Roland-Bremen.

Zum 100jährigen Jubiläum des Circus Busch präsentierte er 1984 ein »Fest der Maharani mit orientalischen Phantasien« und erinnerte damit an die großen Zeiten des Circus Busch mit seinen Manegenschaustücken. Das

Programm enthielt einige Schaubilder, zum Teil orientalischen Charakters, zum Teil Erinnerungen an die Geschichte des Zirkus.

Im nunmehr ungeteilten Berlin veranstaltete Heinz Geier 1992 erstmals seinen Weihnachtszirkus, nachdem in den beiden Jahren zuvor »Busch-Berolina« vom ehemaligen Staatszirkus der DDR am Potsdamer Platz einen sehr erfolgreichen Weihnachtszirkus geboten hatte. Bei diesen Berlin-Gastspielen nannte sich Geiers Unternehmen Busch-Berlin. Von der Treuhand erwarb er 1992 den Namen Busch, den der Staatszirkus der DDR für einen seiner Betriebsteile führte und der auf Jacob Busch zurückging. Geier wollte damit die Zahl der Zirkusse mit dem Namen Busch einschränken, denn neben Busch-Berlin und Carl Busch, der heute unter der Leitung der Familie Willeam (Heinz Wille) reist, gab es zeitweise auch noch einen Zirkus Willy Busch, 1964 von der Zirkusfamilie Renz-Nock gegründet und ab 1969 unter der Direktion von Werner Zinnecker (mittlerweile allerdings eingestellt). Und auch Paula Buschs Enkel Paul Busch hatte kurze Zeit einen eigenen Circus Paul Busch (gemeinsam mit Wille) betrieben.

Circus Busch-Roland 1996

1993 wagte Geier das Experiment eines transportablen Kuppelbaus an der Heinrich-Heine-Straße in Berlin, der als »Pilot-Projekt« für die Errichtung eines festen Zirkusbaus gedacht war. Das Experiment erwies sich als Verlustgeschäft und wurde nicht wiederholt. Doch Heinz Geier verfolgte sein Ziel, mit einem Festbau in Berlin ansässig zu werden, mit Energie und Phantasie. In Diskussionen im Berliner Abgeordnetenhaus und im Senat, ausgelöst durch ein Plädoyer des FDP-Abgeordneten Wolfgang Mieczkowski für die Wiedererrichtung eines Busch-Baus in Berlin, ging es schließlich schon um den Standort eines Zirkusgebäudes, ob nun als Circus Busch oder unter anderem Namen. Anfragen der Fraktionen von Bündnis 90/Grüne und SPD hatten ergeben, daß Geier-Busch »weder über Reserven noch Spareinlagen verfügt« und der Senat mit ihm auch noch keine Niederlassungsverhandlungen geführt hatte.[25] Heinz Geier bestand auf dem ursprünglichen Standort des Berliner Circus Busch, aber der heutige Monbijou-Park kommt aus vielerlei Gründen nicht mehr in Frage. 1994 wurde schließlich entschieden, daß als Standort für einen Zirkusbau das Gelände am Nordbahnhof, Eigentum der

Der Regierende Bürgermeister Klaus Schütz und Heinz Geier (rechts) vor dem Rathaus Schöneberg
1973

Deutschen Bahn AG und nahe der ehemaligen Grenze zwischen West- und Ostberlin in der Mitte der Stadt gelegen, städteplanerisch festgelegt wird.

Zu diesem Zeitpunkt war für den Circus Busch-Roland bereits das Vergleichsverfahren eingeleitet, der entsprechende Antrag war am 19. Mai 1994 beim Amtsgericht Alfeld eingegangen. Das Gericht gab die Finanzmasse, mit der die Gläubiger befriedigt werden sollten, mit etwa 2,5 Millionen Mark an.[26] Am 12. Juli 1994 starb Heinz Geier in seinem Haus in Alfeld an Herzversagen. Der Circus Busch-Roland wird von seinem Sohn Oliver Geier-Busch (als Inhaber der Firma Alfelder Circus GmbH) weitergeführt, seine Mutter Ingrid Geier-Busch steht ihm dabei beratend zur Seite. Der Zirkus wurde von Oliver Geier-Busch aus der Konkursmasse gekauft und ging 1995 mit dem Programm »Antoschka's Traum« (mit der russischen Clownesse Antoschka) auf Tournee durch Deutschland, Österreich und Luxemburg, 1996 gastierte er mit dem Programm u.a. auch wieder in Berlin. Die Tournee 1997 führte durch verschiedene deutsche Bundesländer.

Die russische Clownesse Antoschka

Der Traum von Paula Busch, daß es in Berlin wieder einen Zirkusbau geben sollte, ist bis heute über das Stadium der Planung nicht hinausgekommen. Wenn diese Pläne realisiert werden sollten, wird dies allerdings kein Circus Busch sein; die Familie Geier-Busch hat sich aus dem Projekt zurückgezogen, und auch Paul Busch, der Enkel von Paula Busch, der in Berlin seit 1990 die Circus Busch Varieté GmbH betreibt, will sich nicht beteiligen. Aber die Zirkustradition in Berlin ist nicht nur mit dem Namen Busch verbunden, sondern auch mit dem Zirkus Renz, der über Jahrzehnte von Berlin aus die Entwicklung des internationalen Zirkus bestimmte, mit Schumann; nach dem Krieg mit Barlay und später in der DDR mit dem volkseigenen Zirkus/Staatszirkus, der am Rande Berlins in Hoppegarten sein Winterquartier hatte, heute genutzt von der Nachfolgeeinrichtung des Staatszirkus, der Berliner Circus Union.

Circus Busch war ein Berliner Zirkusunternehmen und auf jeden Fall eines der bedeutendsten. Die Erinnerung an diesen Zirkus ist vor allem verbunden mit dem Ruhm seiner Manegenschauspiele und mit dem Wirken seiner Direktorin Paula Busch, die als »Grand Dame« des deutschen Zirkus auch in die Berliner Kulturgeschichte eingegangen ist.

Die »goldenen Jahre«: Manegenschauspiel im Circus Busch in Berlin um die Jahrhundertwende

Lebensdaten

Burkhardt-Foottit, Georg (eigtl. Georg Kurt Burkhardt): geb. 26.5.1863 in Leipzig, gest. 29.11. 1953 in Schierke; verh. mit Maria Doré.

Burkhardt, Georg: geb. 10.11.1895, gefallen 9.9.1939; Sohn von Georg Burkhardt-Foottit und Maria Doré.

Busch, Constance (eigtl. Barbara Julia Cetoria Sidonie Alexandra, ge. Grabe): geb. 19.5.1849 in Hildesheim, gest. 19.1.1898 in Berlin; Tochter des Panoramabesitzers Konrad Grabe und der Katharina Marianne Dorothea Christine Grabe, geb. Thiele; verh. mit Moritz Neiss (gesch.), mit Wincott (gesch.), mit Paul Busch.

Busch, Micaela (eigtl. Constanze Micaela Uhl): geb. 7.5.1913 in Berlin, gest. 24.9.1969 in Lund/Schweden; verh. mit Emil Wacker (gesch.), verh. mit Sven Gerhold (gesch.).

Busch, Paul: geb. 22.1.1850 in Berlin, gest. 28.11.1927 in Berlin; Sohn des Weinhändlers Gottlieb Busch (1811 – 1857) und der Pfarrerstochter Emilie Busch, geb. von Lossow (1837 – 1876), verh. mit Constance, geb. Grabe.

Busch, Paul Michael: geb. 15.3.1937 in Berlin, Sohn von Emil Wacker und Micaela Busch; zwei Kinder, Paula und Ingrid, aus erster Ehe mit Brita Busch.

Busch, Paula: ge. 6.12.1886 in Odense/Dänemark, gest. 26.6.1973 in Berlin; Tochter von Paul Busch und Constance Busch, verh. mit Alois Uhl (gesch.).

Cador, Eleonore: geb. 13.7.1902, gest. 25.8.1981; Adoptivtochter von Paula Busch.

Doré, Maria (eigtl. Maria Alexandra Victoria Neiss): geb. 15.9.1869 in Hildesheim, gest. 17.4. 1901 in Berlin; Tochter von Moritz Neiss und Constance, geb. Grabe, verh. mit Georg Burkhardt-Foottit.

Neiss, Moritz (eigtl. Mauritius): geb. 4.6.1841 in Maastricht/Holland, gest. 16.5.1876 in Hildesheim, verh. mit Constance, geb. Grabe.

Richard, Virginia (geb. Busch): geb. 11.3.1888 in Kristiania (Oslo)/Norwegen, gest. 31.3.1972 in Berlin; Tochter von Paul und Constance Busch.

Sieben, Cordina (geb. Burkhardt): geb. 5.4.1893, gest. 11.1.1963 in Schierke; Tochter von Georg Burkhardt-Foottit und Maria Doré.

Uhl, Alois: geb. 1875, gest. 11.9.1926; verh. mit Paula Busch (gesch.).

Wacker, Emil: geb. 27.2.1900 in Nürnberg, gest. 8.6.1967 in Wien, verh. mit Micaela Busch (gesch.).

Williams, Daisy (eigtl. Dora, geb. Grabe): geb 12.5.1873 in Hildesheim, gest. 5.11.1956 in Berlin; Schwester von Constance Busch.

Pantomimen

1884 Eine amerikanische Landpartie – *Dänemark*
1884 Pariser Leben mit dem Badeleben in Trouville
1886 Aurelia – *Dänemark*
1888 Die lustige Alte aus Ritzebüttel – *Hamburg*
1892 Eine Walpurgisnacht auf dem Blocksberg – *Wien*
1892 König Ludwig XIV. *(Paul Busch) – Wien*
1893 Zwischen Himmel und Erde – *Wien*
1894 Ein Traum in den norwegischen Gebirgen *(Paul Busch)*
1894 Abenteuer am Hofe zu Versailles – *Wien*
1894 Fatme, die Rose von Tripolis – *Wien*
1894 Ein Jagdfest des Grafen Sandor – *Wien*
1895 Zscheus *(Paul Busch) – Berlin*
1895 Ein Winternachtstraum – *Berlin*
1896 Die Jagd nach dem Glück – *Wien*
1896 Alt-Wien – Neu-Wien – *Wien*
1897 Zaragoza – *Berlin*
1897 Nach Sibirien *(Paul Busch) – Berlin*
1898 Hie gut Brandenburg allewege *(Paul Busch) – Berlin*
1899 Die Camorra *(Paul Busch) – Berlin*
1899 Persien *(Paul Busch) – Berlin*
1899 Gruß an Wien – *Wien*
1900 Die eiserne Maske *(Paul Busch) – Berlin*
1900 Berliner Landpartien *(Georg Burkhardt-Foottit) – Berlin*
1901 Klondike – *Berlin*
1902 Dahomey *(Burkhardt-Foottit) – Berlin*
1903 Berliner Winterfreuden *(Burkhardt-Foottit) – Berlin*
1904 Katharina II. *(Burkhardt-Foottit) – Berlin*
1904 Aus den Alpen – *Berlin*
1904 Aus Deutsch-Süd-West-Afrika – *Berlin*
1905 Mexiko – *Berlin*
1906 Indien – *Berlin*
1906 Nero *(Burkhardt-Foottit) – Berlin*
1906 Aus der Pussta *(Burkhardt-Foottit) – Berlin*
1907 Rom *(Burkhardt-Foottit) – Berlin*
1907 Auf der Hallig *(Burkhardt-Foottit) – Berlin*
1908 Barbarossa *(Burkhardt-Foottit) – Berlin*
1909 Farmerleben – *Berlin*
1909 Auswanderer – *Berlin*
1910 Marja *(Burkhardt-Foottit) – Berlin*
1910 Armin *(Paula Busch) – Berlin*
1910 Venezia *(Burkhardt-Foottit) – Berlin*
1911 U 20 *(Burkhardt-Foottit) – Berlin*
1911 Armand le Fermier – *Paris*
1911 Ein Jagdfest am Hofe Ludwig XIV. – *Berlin*
1912 Die Hexe *(Paula Busch) – Berlin*
1912 Unter Gorillas (= Die Gorillabraut) *(Paula Busch) – Berlin*
1913 Aus unseren Kolonien *(Burkhardt-Foottit) – Berlin*
1913 Pompeji *(Burkhardt-Foottit) – Berlin*
1913 Sevilla *(Burkhardt-Foottit) – Berlin*
1915 Michel *(Paula Busch) – Berlin*
1915/16 Ein Wintermärchen *(Paula Busch) – Berlin*
1916 Ostern *(Paula Busch) – Berlin*
1916 Die Geierprinzessin *(Paula Busch) – Berlin*
1916 Beim Weihnachtsmann – *Berlin*
1916 Hannes Piepenbrinks Abenteuer – *Berlin*
1917 Die drei Pierrots – *Berlin*
1917 Die versunkene Stadt *(Paula Busch) – Berlin*
1917 Mondfahrt *(Paula Busch) – Berlin*
1918 Oberon *(Paula Busch) – Berlin*
1919 Aphrodite *(Paula Busch) – Berlin*
1920 Der Wilddieb – *Berlin*
1920 Aschenbrödel – *Berlin*
1921 Die Schlange der Durgha *(Paula Busch/A. Kirstein) – Berlin*
1921 Die Nibelungen *(Paula Busch) – Hamburg*
1921 Krone und Fessel *(Siegfried V. Lutz) - Berlin*
1921 Ritter Blaubart *(Paula Busch) – Hamburg*
1921 Im Reiche des Porzellans (Ballett)
1921 Störtebeker *(Adolf Steinmann) – Hamburg*
1922 Triumph der Mode – *Hamburg*
1923 Der Fremdenlegionär *(Steinmann) – Berlin*
1923 Zar Peter *(Paula Busch)*
1923 1806 *(Paula Busch) – Berlin*
1923 Ut de Franzosentid *(Steinmann)*
1923 Der Blumen Rache *(Paula Busch) – Berlin*
1924 Carmen *(Paula Busch) – Berlin*
1924 Fridericus *(Steinmann) – Berlin*
1924 Husch, husch zu Busch *(Steinmann) – Hamburg*
1924 Quo vadis *(Steinmann) – Berlin*
1925 Lady Hamilton *(Paula Busch) – Berlin*
1925 Wintermärchen *(Paula Busch) – Berlin*
1925 Vater Rhein (= Tausend Jahre deutscher Rhein) *(Steinmann) – Berlin*
1926 Cagliostro, der Zauberer von Paris *(Paula Busch) – Hamburg*
1926 Es klappert die Mühle von Sanssouci *(Steinmann) – Berlin*
1926 Der Graf von Monte Christo *(Steinmann) – Berlin*
1926 Papa Wrangel – *Berlin*
1927 Am grünen Strand der Spree *(Steinmann/Hermann Stein) – Berlin*
1927 Vicky wettet um die Welt *(Paula Busch) – Berlin*
1927 Ben Hur *(Paula Busch/Steinmann) – Berlin*
1927 Friedesinchens Fahrt ins Märchenland *(Steinmann) – Berlin*
1927/28 Der bayrische Hiesel *(Steinmann) – Berlin*

1928 Neckarstrand und Waterkant
(Steinmann) – Hamburg
1928 Weißes Gold
(Paula Busch/Steinmann) – Berlin
1928 Perlen gestohlen *(Kirstein) – Berlin*
1928 Der Jongleur oder Berlin steht Kopp
(Steinmann) – Berlin
1928 Die Hosen des Herrn von Bredow
(Paula Busch) – Berlin
1928/29 Für jeden etwas (Sport-Revue)
(Alfred Berg)
1929 Italienische Nächte *(Paula Busch)*
1929 Der aus Sibirien *(Paul Rosenhayn) – Berlin*
1932 Treu ist die Soldatenliebe *(Steinmann)*
1933 Tarzan *(Paula Busch/ Steinmann) – Berlin*
1933 Sportrevue *(Alfred Berg)*
1933 Meißner Porzellan *(Paul Lossow) – Berlin*
1933 Der Zigeunerbaron – *Berlin*
1933 Stürme über Wildwest – *Berlin*
1934 Xaver der Wilddieb
(Paul Lossow) – Hamburg
1934 Um Deutschlands Kolonien – *Berlin*
1935 Mein St. Pauli, ich hab dich lieb –
Hamburg
1935 Manege *(Paula Busch) – Hamburg*
1940 Nena Sahib *(Steinmann) – Hamburg*
1940 Buffalo Bill *(gemeinsam mit Sarrasani)*
(Steinmann)
1948 Cowboy- und Indianer-Romantik –
Berlin

ohne Datierung:
Bismarck *(Steinmann)*
Das Geheimnis vom Mayerling – *Wien*
Weihnachtsmärchen *(Paula Busch)*

Zur Beachtung

Die Schreibweise des Wortes »Zirkus« erfolgt im Text nach Dudenvorschrift bzw. nach der eigenen Schreibweise der jeweiligen Unternehmen.
Zitate werden grundsätzlich in der originalen Schreibweise wiedergegeben.

Quellen

Ein Zirkus wird geboren

1) nach Wolfgang Jansen: Das Varieté. Die glanzvolle Geschichte einer unterhaltenden Kunst, Berlin 1990, S.87
2) nach Paula Busch: Erinnerungen aus dem Zirkus Busch, in »Internationaler Artisten-Almanach« Jg.1924, S.36
3) Der Artist, 19.12.1886
4) zitiert nach Reinhard Tetzlaff: Circus Busch, in »Circus in Hamburg«, Hamburg 1982, S.149
5) Gerhard Eberstaller: Das Wiener Busch-Gebäude, in »Circus – gestern, heute«, Mitteilungsblatt der Gesellschaft der Freunde des Österreichischen Circusmuseums, Heft 3/82, S.12
6) Berlin und seine Bauten, Berlin 1896, Bd.2, S.515, zitiert nach: Hans-Werner Klünner: 165 Jahre Zirkusstadt Berlin, Berlin 1986, S.70 f.
7) Joseph Halperson: Das Buch vom Zirkus, Düsseldorf 1926, S.106
8) Der Artist Nr.519, 13.1.1895
9) Der Artist Nr.635, 1897
10) Jubiläums-Festschrift 100 Jahre Circus Busch, Alfeld/Leine 1984
11) Paula Busch: Das Spiel meines Lebens, Stuttgart 1957, S. 48
12) Joachim Castan: Max Skladanowsky oder der Beginn einer deutschen Filmgeschichte, Stuttgart 1995, S. 45
13) Das Programm Okt.1907
14) Berliner Tageblatt (undat.) in Das Programm, Jan.1909
15) Das Programm Okt.1909
16) im Landesarchiv Berlin
17) ebenda
18) im Zirkusarchiv Winkler
19) nach Michael Hanisch: Auf den Spuren der Filmgeschichte, Berlin 1991, S.251
20) im Landesarchiv Berlin
21) im Brandenburgischen Landeshauptarchiv, Titel 94, Akte 3138
22) Die Große Glocke, 8.4.1914
23) Joseph Halperson: Das Buch vom Zirkus, Düsseldorf 1926, S.120

Ein Zirkus kämpft ums Überleben

1) Der Artist, 26.4.1914
2) im Brandenburgischen Landeshauptarchiv, Titel 74, Akte 1516
3) im Landesarchiv Berlin
4) ebenda
5) im Brandenburgischen Landeshauptarchiv, Titel 74, Akte 1568
6) Paula Busch: Das Spiel meines Lebens, a.a.O., S.78

7) Jansen: Das Varieté, a.a.O., S.192
8) Die Welt am Montag, 4.10.1915
9) Paula Busch, Das Spiel meines Lebens, a.a.O., S.81 f.
10) ebenda, S.83 f.
11) Paula Busch: Wasserminna, Berlin 1951, S. 185f.
12) Der Artist, Nr.1379, 1911
13) Jewgeni Kusnezow: Der Zirkus der Welt, Berlin 1970, S.58
14) Der Artist Nr.1500, 9.11.1913
15) Berliner Westen, 20.9.1924
16) im Brandenburgischen Landeshauptarchiv, Titel 74, Akte Th 1566
17) Der Tag, 12.2.1925
18) Berliner Börsen Courir, 15.10.1927
19) Paula Busch: Die Pantomime im Verlauf der Jahrhunderte bis zu Marcel Marceau, Ms
20) Paula Busch: Das Spiel meines Lebens, a.a.O., S.65 f.
21) im Brandenburgischen Landeshauptarchiv, Titel 74, Akte Th 1566
22) als Anlage zu einem Brief von Adolf Steinmann vom 9.9.1947 an den Magistrat der Stadt Berlin, Abt. für Volksbildung, im Landesarchiv
23) im Geheimen Staatsarchiv Preußischer Kulturbesitz
24) nach Jürgen Kuczynski: Geschichte des Alltags des deutschen Volkes, Bd.5, Berlin 1982, S.361
25) Das Programm Nr.1280, 17.10.1926
26) im Landesarchiv Berlin
27) ebenda
28) im Landesarchiv Berlin
29) zitiert nach Ruth Freydank: Theater in Berlin, Berlin 1988, S.427

Unterm Hakenkreuz
1) im Geheimen Staatsarchiv Preußischer Kulturbesitz
2) im Landesarchiv Berlin
3) im Bundesarchiv, Außenstelle Zehlendorf
4) Listen im US-Document Center nur bis 1944 vorhanden
5) Ernst Günther/Dietmar Winkler: Zirkusgeschichte, Berlin 1986, S.146
6) nach Ernst Günther: Sarrasani, wie er wirklich war, Berlin 1991, S.190
7) im Staatsarchiv Hamburg
8) ebenda
9) im Landesarchiv Berlin
10) im Bundesarchiv, Abteilungen Potsdam
11) ebenda
12) ebenda
13) im Bundesarchiv Koblenz, R 43 II/ 1181a
14) im Bundesarchiv, Abteilungen Potsdam
15) ebenda
16) im Geheimen Staatsarchiv Preußischer Kulturbesitz
17) im Bundesarchiv, Abteilungen Potsdam
18) ebenda
19) Lars Olof Larsson: Die Neugestaltung der Reichshauptstadt. Albert Speers Generalbebauungsplan für Berlin, Stockholm 1978, S.28
20) nach einer Aussage von Paula Busch gegenüber Martin Schaaff
21) Herbert St. Nissing: Strassburger. Die Geschichte eines jüdischen Circus, Dormagen 1993, S.77
22) ebenda, S.82
23) ebenda, S.85
24) Geraer Beobachter 24.8.1935
25) Nissing: Strassburger, a.a.O., S.92
26) ebenda, S.100
27) im Bundesarchiv, Außenstelle Zehlendorf
28) Das Programm, Nr.1740, 8.6.1947
29) im Geheimen Staatsarchiv Preußischer Kulturbesitz
30) Hamburger Anzeiger, 30.6.1935
31) Bayerischer Anzeiger Regensburg, 21.9.1941
32) Jérome Medrano: Une vie de cirque, Paris 1983, S.186 (übersetzt von A.Sommerfeld)
33) im Bundesarchiv, Abteilungen Potsdam
34) ebenda
35) ebenda
36) Die Artisten-Welt 11/12 (20.6.) 1944, S.6
37) Die Artisten-Welt 17/18 (20.9.) 1944, S.5
38) zitiert nach Peter Reichel: Der schöne Schein des Dritten Reiches, Frankfurt/Main 1993, S.180
39) ebenda, S.192
40) im Bundesarchiv Koblenz
41) im Bundesarchiv, Außenstelle Zehlendorf
42) im Landesarchiv Berlin
43) im Zirkusarchiv Winkler
44) nach Ausagen von Martin Schaaff, Circus-Busch Archiv Berlin
45) Paula Busch: Das Spiel meines Lebens, a.a.O., S.177
46) ebenda, S.180
47) ebenda, S.184 f.
48) ebenda, S.193

Von der Arena Astra zu Busch-Roland
1) Paula Busch: Das Spiel meines Lebens, a.a.O., S.209
2) im Landesarchiv Berlin
3) Tägliche Rundschau, 7.9.1946
4) im Landesarchiv Berlin
5) im Bundesarchiv, Außenstelle Zehlendorf
6) im Landesarchiv Berlin
7) nach Günther/Winkler: Zirkusgeschichte, a.a.O., S.169
8) Paula Busch: Das Spiel meines Lebens, a.a.O., S.220

9) Paula Busch: Apologie, handschriftliches Manuskript im Circus-Busch-Archiv von M. Schaaff
10) Das Programm 6/52, S.15
11) Das Programm 8/54, S.24
12) Das Programm 11/54, S.25
13) Das Organ 3/57, S.11 f.
14) Tagesspiegel, 22.5.1955
15) Das Organ 12/53, S.19
16) Deutsche Circus-Zeitung 6/59, S.8
17) Paula Busch: Apologie, a.a.O.
18) Revisionsprotokoll über die Prüfung der Jahre 58/59 des Zirkus Aeros durch die Stadtinspektion Leipzig, HA Kontrolle und Revision des Min.der Finanzen vom 22.4.1960, im Zirkusarchiv Winkler
19) Paula Busch: Apologie, a.a.O.
20) Das Programm 7/60, S.8
21) Paula Busch: Apologie, a.a.O.
22) Frankfurter Rundschau, 22.6.1961
23) Das Organ 3/62, S.32
24) Das Organ 9/63, S.26
25) Neue Zeit, 27.5.1994
26) ebenda

Bildnachweis

Archiv Circus Busch (Martin Schaaff, Berlin): S. 11, 26, 27, 36, 46, 49, 55, 59, 64, 72 unten, 85, 97
Archiv für Kunst und Geschichte: S. 38 unten, 53, 110
Archiv Uwe Friedrich: S. 98
Archiv Ernst Günther (Dresden): S. 35
Archiv Günter Radtke: S. 6
Archiv Winkler: S. 2, 8, 9 (2), 10, 13, 15, 16, 18, 21, 25, 29, 30 (2), 34 (2), 37, 38 oben, 40, 41, 42, 43, 47, 50, 52, 54, 65, 67, 72 oben, 75, 76, 77 (2), 78, 79, 80, 81, 82, 84 (2), 86, 87 (2), 90, 91, 92, 95, 99, 102, 103, 107, 108, 112, 115 (2), 116, 117, 119, 120, 122, 124
Bildarchiv Preußischer Kulturbesitz: S. 14, 17, 20, 22, 23, 24, 31, 63
Bundesarchiv Koblenz: S. 73 oben
Bundesarchiv Potsdam: S. 73 unten
A. Köstler (München): S. 124
Landesarchiv Berlin: S. 71 (2), 125
Landesbildstelle Berlin: S. 28, 45, 57, 74, 101, 104, 105, 106, 109, 111, 123
Privatbesitz Manfred Baum: S. 114
Sammlung Solmu Mäkelä (Helsinki): S. 19
Stadtmuseum Berlin: S. 12, 44, 83, 88, 100
Ullstein Bilderdienst: S. 60

Literatur

Cliff Aeros: Vom Tischlerlehrling zum Circusdirektor. Sammelband der Cliff-Aeros-Hefte 1 - 25, Eigenverlag Circus Aeros 1950.

Paula Busch: Das Spiel meines Lebens. Engelhornverlag, Stuttgart 1957.

Paula Busch: Wasserminna. Ein Leben für den Zirkus. Das Neue Berlin, Berlin 1951.

Wolfgang Carlé/Heinrich Martens: Das hat Berlin noch nicht gesehen. Eine Historie des Friedrichstadt-Palastes. Henschelverlag, Berlin 1982.

Joachim Castan: Max Skladanowsky oder der Beginn einer deutschen Filmgeschichte. Füsslin Verlag, Stuttgart 1995.

Circus in Hamburg, hrsg. von der Sektion Hamburg der Gesellschaft der Circusfreunde in Deutschland e.V. aus Anlaß ihres 25 jährigen Bestehens. Selbstverlag, Hamburg 1982.

L.-R. Dauven: Le Cirque depuis la guerre, in: Henry Thetard: La merveilleuse histoire du cirque. Juillard, Paris 1978.

M.W. Disher: Clowns and Pantomimes. London 1925.

Dorothea Frank: Circusbauten in Wien. Diplomarbeit zur Erlangung des akadem. Grades Magister phil. an der geisteswissenschaftlichen Fakultät der Universität Wien. Wien 1988.

Ruth Freydank: Theater in Berlin. Von den Anfängen bis 1945. Henschelverlag, Berlin 1988.

Oscar Geller: Moderne Circuskunst. Herrn Direktor Paul Busch zum Feste seiner 15jährigen Direktionsführung. Selbstverlag o.J.

Reimar Gilsenbach: Jakobsleiter oder Mühsamer Aufstieg, Glanz und Entsagung des Zirkusdresseurs Hermann Ullmann. Henschelverlag, Berlin 1986.

Ernst Günther: Sarrasani, wie er wirklich war. Henschelverlag, Berlin 1991.

Ernst Günther/Dietmar Winkler: Zirkusgeschichte. Ein Abriß der Geschichte des deutschen Zirkus. Henschelverlag, Berlin 1986.

Joseph Halperson: Das Buch vom Zirkus. Ed. Lintz, Düsseldorf 1926.

Michael Hanisch: Auf den Spuren der Filmgeschichte. Berliner Schauplätze. Henschelverlag, Berlin 1991.

Janina Hera: Der verzauberte Palast. Aus der Geschichte der Pantomime. Henschelverlag, Berlin 1981.

Internationaler Artisten-Almanach, Jg. 1924. Lima-Verlag, Berlin 1924.

Wolfgang Jansen: Das Varieté. Die glanzvolle Geschichte der Pantomime. Henschelverlag, Berlin 1981.

Jübiläums-Festschrift 100 Jahre Circus Busch-Berlin. Circus Busch-Roland, Alfeld/Leine 1986.

Hans-Werner Klünner: 165 Jahre Zirkusstadt Berlin. Eine Chronologie der Zirkusbauten an der Spree. Edition Berlin 750, Berlin 1986.

Jürgen Kuczynsky: Geschichte des Alltags des deutschen Volkes, Bd. 1-5. Akademie-Verlag, Berlin, 1980-1982.

Jewgeni Kusnezow: Der Zirkus der Welt. Henschelverlag, Berlin 1970.

Berthold Lang: 20 Jahre Österreichisches Circus- und Clownmuseum. Festausgabe (H. 15, Juni/Juli 1988) von »Circus – gestern, heute«, Mitteilungsblatt der Gesellschaft der Freunde des österreichischen Circusmuseums.

Lars Olof Larsson: Die Neugestaltung der Reichshauptstadt. Albert Speers Generalbebauungsplan für Berlin. Stockholm, 1978.

Jérome Medrano: Une vie de cirque. Edition Arthaud, Paris 1983.

Günter H.W. Niemeyer: Hagenbeck. Geschichte und Geschichten. Hans Christians Verlag, Hamburg 1972.

Herbert St. Nissing: Strassburger. Geschichte eines jüdischen Unternehmens. Circus Verlag Dirk Kuik und Helmut Grosscurt GbR, Dormagen 1993.

Hans Pemmer/Ninni Lackner: Der Wiener Prater einst und jetzt. Deutscher Verlag für Jugend und Volk, Leipzig/Wien 1935.

Peter Reichel: Der schöne Schein des Dritten Reiches. Faszination und Gewalt des Faschismus. Fischer Taschenbuch Verlag, Frankfurt/M. 1993.

Signor Saltarino: Artisten-Lexikon. Zentralantiquariat der DDR, Reprint der Originalausgabe von 1895, Leipzig 1987.

Martin Schaaff: Die Buschens. 100 Jahre Circus Busch. Bilder einer Circusdynastie. Archiv Circus Busch Berlin, Berlin 1984.

Frieda Sembach-Krone: Circus Krone. Eure Gunst – unser Streben. Eine autorisierte Aufzeichnung von Hellmuth Schramek. Ehrenwirth Verlag, München 1969.

Adolf Steinmann: Vom Zeltzirkus zum Kuppelbau. Festschrift zum 50jährigen Bestehen des Circus Busch. Selbstverlag Circus Busch, Berlin 1934.

Walter Ulrich: 250 Jahre Circuskunst in Berlin. Heft 2 der Schriftenreihe der Internationalen Gesellschaft der Circus-Historiker. Preetz 1959.

A.E. Wilson: The Story of Pantomime. Home and Thal, London 1949.

Joseph Wulf: Kultur im Dritten Reich. Eine Dokumentation. Bd. 4 Theater und Film. Frankfurt/M. 1989.

Gerhard Zapff: Von Breslau bis Bremen. Die Geschichte des Circus Apollo. Manege. Eine Schriftenreihe für Circusfreunde, Heft 2, Berlin o.J.

Zeitschriften

Der Artist
Artisten
Die Artisten-Welt
Artistik
Die Deutsche Artistenwelt
Die deutsche Artistik
Deutsche Circus-Zeitung
Der Komet
Das Organ – Show Business
Das Programm
Unterhaltungskunst